青少年
教育宝典

独当一面，做自己的盖世英雄

MY
HERO

迟晚晚 著

中国和平出版社
China Peace Publishing House
北京

图书在版编目（CIP）数据

独当一面，做自己的盖世英雄 / 迟晚晚著. -- 北京：中国和平出版社，2021.1（2023.10重印）
（青少年教育宝典）
ISBN 978-7-5137-1825-7

Ⅰ. ①独… Ⅱ. ①迟… Ⅲ. ①成功心理—青少年读物 Ⅳ. ①B848.4-49

中国版本图书馆CIP数据核字(2020)第131254号

青少年教育宝典　**独当一面，做自己的盖世英雄**　迟晚晚 / 著

编辑统筹　张春杰
责任编辑　肖惠蕾
责任印务　魏国荣
出版发行　中国和平出版社（北京市海淀区花园路甲13号院7号楼10层 100088）
www.hpbook.com　hpbook@hpbook.com
出 版 人　林　云
经　　销　全国各地书店
印　　刷　湖北鄂南新华印刷包装股份有限公司
开　　本　880mm×1230mm　1/32
印　　张　4.75
字　　数　146千字
版　　次　2021年1月第1版　2023年10月第2次印刷
书　　号　ISBN 978-7-5137-1825-7
定　　价　118.80元（全6册）

目录
Contents

第一章 战胜压力，做一个灵魂里有香气的少年

第二章 时间一分一秒地过，不要活在别人的世界观里

前言
Foreword

成长就像一场必备的苦行，它既是一个过程，也是每一个人最终的目的地。

成长会让一个人学会承受，学会选择；也会让一个人更有担当，更有力量。同时，成长也会带给人们无尽的烦恼，而这些烦恼，终究会化作生活的纹理，成为不可逆的过去，人们最终得到的都是最美好的回忆……

在成长的过程中，哭解决不了任何问题。

生活中，处处都有无法避免的烦恼和挫折，这既是对一个人素养的考验，也是对一个人心态的历练。只有心平气和地去面对，不断地完善自我、开发自我潜能并付诸实践，难题才会迎刃而解。

在成长中，把压力转化为动力，用自信替代软弱。

无论逆境还是顺境，时间都在一分一秒不断流逝，而机会永远会留给有准备的人。尝试着让心态放松，让头脑变得清醒,把心中所有的疑惑和苦闷通通转化为积极向上的信念，乐观地学习，乐观地生活。

在成长中，学会做最真实的自己。

永远不要活在别人的世界观里。要知道，每个人都是独立的个体，谁都做不到让所有人都满意，与其为了讨好他人委曲求全，不如认认真真地成就更加优秀的自己。你若盛开，蝴蝶自来。

在成长中，永远不要用放大镜看失败。

其实，失败是一件稀松平常的小事，人人都经历过许多次。当结果并不如自己期许的那般乐观，请不要悲伤，也不要心急，难熬的日子总会过去。尝试着吸取经验教训，避免重蹈覆辙，用一点一滴的进步证明自己的实力，见证自己的成长。

在成长中，永不言弃才是聪明人的选择。

尝试不一定成功，但放弃就代表着低头认输。要明白，人生之路难免磕磕碰碰，起伏不定，所有的得到和失去都有它存在的意义。所谓的幸运，也是日积月累的努力所产生的必然结果。人生豪迈，如果错过了，大不了从头再来。

在成长的过程中，学会独立地面对生活。

独立自主的人，无论在哪里都有独当一面的能力。拒绝饭来张口，衣来伸手，无论是在思想上还是在行动上，都要做一个“实力派”，绝不依赖任何人，自己的事情自己做，自己的责任自己承担，独立解决自己的问题。

人生的路要自己走，世界的美丽也需要自己去体会！逝去的都是回忆，而美好的未来，则需要自己去争取。

每一朵花，都应该盛开；每一种色彩，都应该被喜爱。亲爱的少年，从现在开始勇敢地面对未来吧！更加坚强，更加独立，更加勇敢，相信，流星会代替你许愿，你所期许的未来，将与你不期而遇。

第五章 学会在黑暗中寻找那束光亮

第六章 请深信，你的未来会闪闪发光

内容简介

张笑颜是个娇生惯养的“大小姐”，性情散漫，口头禅是“我不会”。寒假中，她把暂住在家中的表弟高乐乐视为“敌人”，处处针对他，后因张妈妈生病住院，她在一夜之间懂得了什么是责任，成了一个有担当的大姐姐。同时，她也在插画师李可欣，武侠小说家白羽侠、她的好友林湘巧、欧阳灿美等人的引导和帮助下，渐渐体会到了独立的乐趣和成长的意义，也找到了属于自己的梦想。

第一章
战胜压力，做一个灵魂里有香气的少年

小小少年，“哭”解决不了任何问题

张笑颜和高乐乐是一对“冤家”。

在张笑颜八岁那年，她第一次见到年仅三岁的高乐乐。高乐乐长得白白胖胖，一双葡萄似的黑色眼睛圆溜溜的，非常惹人喜爱，只是张笑颜接触久了才发现，这个外表看起来乖巧的小男孩实际上是一个不折不扣的“捣蛋鬼”。

这不，他们第一次见面，高乐乐就给了张笑颜一个“下马威”。他趁着张笑颜不注意，偷偷拿出了她的水彩笔，在她的作业本上胡乱画了一通，待张笑颜发现时，他早就拍拍屁股回家了。对于这件事，张妈妈只能安慰道：“孩子小，不懂事。”

张笑颜九岁那年，高乐乐四岁。大年初三，高乐乐一家到张笑颜家拜年。有了前车之鉴，张笑颜一大早就把自己的作业本藏到抽屉里锁了起来。殊不知防不胜防，高乐乐竟然抱着张笑颜的遥控汽车不撒手，还哭着喊着要带回家。张笑颜不答应，他便一气之下摔坏了汽车的遥控器，为此，张笑颜大哭了一场。

转眼间，张笑颜长成了十四岁的少女，高乐乐也长成了九岁的男孩，但是张笑颜还是把高乐乐视为“眼中钉、肉中刺”，每次他们一见面，就像是“火星撞地球”，非要弄出一点儿是非来。

只是现实生活中发生的故事往往难以预料。张笑颜做梦都没有想到，整个寒假，高乐乐都会住在他们家，故事也就从这里开始了……

放假的第一天，张笑颜把高乐乐叫到了客厅里，疾言厉色地对着他道：“高乐乐，我警告你，住在这里，你不可以随便乱动任何东西！尤其是我的房间，没有经过我的同意，你不可以擅自进入。”

“可是姑妈说，把这里当作自己家，想做什么就做什么。”高乐乐歪着头，似乎有意和张笑颜作对，“姑妈还说，如果你欺负我，让我告诉她！”

“别一口一个‘姑妈’，叫得那么亲昵。我太了解你了，你就是大人前一套大人后一套的‘双面人’，我爸妈被你蒙在鼓里，但是我知道你的本性，你就是一只狡猾的‘狐狸’！”说罢，她抿了一口凉白开，“总而言之，这是我的家，你要听我的，无论做任何事，都要向我汇报，否则，我就把你赶出去！”

不得不承认，从小娇生惯养的张笑颜有一点儿大小姐脾气，平时自由散漫，说起话来也有点儿口无遮拦，但是她心眼直，想到什么就说什么，从来都没有多的心思，所以还算是个好孩子，但谁都没有想到，高乐乐的再次出现，让她的生活有了翻天覆地的变化……

当天傍晚，张笑颜一如既往地把自己关在房间里看电视剧，忽然间只听嘭的一声，整个房子陷入了黑暗之中。当下，张笑颜一个人蜷缩在椅子上，面对四周黑漆漆的一片，她哇的一声哭了出来。

相比之下，高乐乐就显得淡然许多，只见他敲了敲张笑颜的房门，大喊了一声：“开门！”谁知道突兀的敲门声又吓了张笑颜一跳，导致她哭得更加大声了。

“拜托，你都是一个初中生了，怎么还像上小学的时候一样喜欢哭哭啼啼。”高乐乐边说，边扭了扭把手，见房门反锁，他又使劲敲了敲门，“你再不给我开门，我就不管你了，你一个人待在房间里等姑妈和姑父回来吧。”

一听这话，张笑颜急忙擦了擦眼泪，壮着胆子打开了房门。高乐乐不知道从哪儿翻出了一个手电筒，直晃晃地照在了张笑颜的身上，“哭哭哭，就知道哭，哭能解决问题吗？”

“哈？”张笑颜一愣，“你是在教训我吗？”

“算是吧，我最讨厌女孩子哭了！”说着，高乐乐转过身子，指向窗外，“别人家的灯都亮着，我猜一定不是停电，所以，可能是家里断路器跳闸。”说着，他转头问向张笑颜，“你们家的断路器在哪里？”

“在厨房。”张笑颜边说，边拉住了高乐乐，“你不可以动，危险！”

“我知道。我是要去找邻居伯伯帮忙。”说完，高乐乐请来了邻居伯伯，只见他打开盖子，将总闸门轻轻一推，霎时，客厅里的灯亮了起来。

“太神奇了！”张笑颜拍手叫好。送走邻居伯伯，两人来到客厅，张笑颜对高乐乐说：“你还懂这个？我可不会这个。”

“这是常识。”高乐乐翻了个白眼，表示他的不耐烦，“我很小的时候就懂了。”

“我不懂，”张笑颜实话实说，“我还是第一次碰到这种情况，即使是停电也是白天，白天我什么都不怕。”

“晚上停电你就怕？”高乐乐说，“我拜托你，以后遇到事情不要总是哭，你知道吗？我一听到哭声就头疼，尤其是听到你哭。”

“眼泪在我的眼里，我为什么不能哭！我想哭就哭，你管得着吗？”张笑颜好了伤疤忘了疼，又和高乐乐斗起嘴来，“再说了，我是一个女孩子，天生胆子小，情有可原。”

“全世界有那么多女孩子，也不见得每一个都像你这么爱哭，你就是一个‘爱哭鬼’。”高乐乐道，“下一次再遇到这种情况，你要是再哭，我肯定不帮你，看你还敢不敢哭。”

“你管我？”张笑颜嘟起嘴，冷哼一声，“别忘了，这里可是我家，我做主。”

“行，这里是你家，以后有事，千万别找我。”说完这句话，高乐乐头也不回地走掉了，留在原地的张笑颜在心里嘀咕：“这个高乐乐，别以为你帮了我一次我就会感谢你，咱们两个势不两立！”

懂事的“大姐姐”，不一定是“别人家的孩子”

“停电事件”告一段落，本以为事情就这样悄无声息地画上了句号，但让张笑颜没有想到的是，就是因为这件事，张爸爸和张妈妈对高乐乐冷静处事的态度赞不绝口，对他又多了几分偏爱。

忍无可忍，只见张笑颜闯进了高乐乐的卧室，一把夺过他手里的游戏机，说：“喂！你是不是又在我爸妈面前说什么了？”

“说什么？”高乐乐丈二和尚摸不着头脑，一脸的诧异。

“就昨晚的事，”张笑颜提醒道，“停电的事。”

“那件事啊……”高乐乐拉长了尾音，“我只是实话实说而已，我向你发誓，我绝对没有添油加醋。”

“我才不信呢，你肯定在我爸妈面前说我胆小、爱哭，要不，我妈为什么一大早就让我向你学习？”张笑颜脱口而出，“拜托！你可不可以不要总是打小报告，这种行为真的很讨厌！”

“难道你没哭吗？难道你的胆子不小吗？”高乐乐不觉得自己哪里做错了，“如果实话实说就是打小报告，那我以后就不能说话了。”

“你这是偷换概念、强词夺理！”说着，张笑颜跺了跺脚，“我的忍耐力是有限的，小心我真把你赶出去！”

只见高乐乐耸耸肩：“赶就赶，谁怕谁！”

当天晚上，为了报复高乐乐，张笑颜往高乐乐的大米粥里偷偷“藏”了一勺盐。吃晚饭时，高乐乐停下了咀嚼的动作，径直跑到了卫生间，一股脑儿把口中的食物吐到了马桶里。随之，只听他干呕了两声：“这大米粥怎么这么咸啊！”

“咸的？”张妈妈和张爸爸面面相觑，只见张妈妈尝了一口，“不咸啊！”

或许是怕事情败露，心里有鬼的张笑颜急忙清了清喉咙，笑了笑，说：“高乐乐准保是把盐当作糖了，我吃大米粥也喜欢往里放点糖。”

“我没放糖！”说着这话，高乐乐缓缓走了回来。此时此刻，他的五官因为口腔的不适而扭曲在一起，模样很是滑稽。

张笑颜看在眼里，心里笑开了花。

可是，张妈妈不是好骗的，自己的女儿自己最了解，就凭着张笑颜嘴角轻抿的那一抹笑意，她就猜透了她的小把戏。于是晚餐后，她把张笑颜叫到了书房，开门见山地问道：“说吧，为什么这么做？”

张笑颜一愣：“我听不懂您在说什么。”

“我说什么你心里清楚，”张妈妈看向张笑颜因为紧张而不知放到哪里才好的双手，“不做亏心事，不怕鬼敲门，你的手抖什么？”

“我……”张笑颜深吸一口气，心一横，“我什么都没做。”

“乐乐大米粥里的盐是你放的吧？”张妈妈毫不留情，一字一顿，“把自己的快乐建立在别人的痛苦之上，你的这种行为非常恶劣，不能原谅。”

“不是我放的，”张笑颜撇撇嘴，“是他自己错把盐当作了糖，这事和我八竿子打不着关系。”

“别说谎了，我亲眼看到你往乐乐的大米粥里加了东西！”张妈妈看着张笑颜躲闪的眼睛，语气变得严肃起来，“你还狡辩。”

“不可能！”张笑颜急忙道，“那个时候根本就……”意识到自己说漏了嘴，张笑颜猛地用手捂住嘴巴，叹了口气，“好吧，我承认是我做的，那是他自找的，谁让他总是当面一套背后一套，爱打小报告。”

“如果你是一个好姐姐，乐乐就算是想要打小报告，也找不到理由。”张妈妈的话让张笑颜无力反驳。见她低着头一声不吭，张妈妈接着道，“你已经是个初中生了，在表弟的面前要有一个表姐的样子，你要做一个懂事的女孩，向你们班的班长林湘巧多学习学习。”

殊不知这话听到张笑颜的耳朵里，却变了味道：“您总是让我向这个人学习，向那个人学习，那都是别人家的孩子，和我有什么关系。我是我，他们是他们……”

“取长补短。”张妈妈苦口婆心，“为什么别人家的孩子都那么懂事，而你却这么任性？你要学会用别人的智慧充实自己，用别人的成功激励自己，用别人的错误提醒自己。向别人多学习，而不是一意孤行。”说着，她深吸一口气，“你听到了吗？”

“听到了……”张笑颜拉长了尾音，语气中透漏出一丝不悦。

“唉……”张妈妈摇摇头，“张笑颜啊张笑颜，你什么时候才能长大，不再像小孩子一样要脾气，而是认真地听取别人的意见和建议？”

“我现在已经长大了。”张笑颜耐着性子，“再说了，物有千差，人有万别，每个人的脾气秉性都不一样，您为什么总是拿我和别人比，您怎么不看一看我的长处？去年的运动会我可是全校女子一千米的冠军，也不见你表扬我。”

“那是两码事，我是希望你懂事，你要懂得什么是善，什么是恶，什么是对，什么是错，要有积极向上的人生态度，有一颗包容的心……”说罢，张妈妈摆摆手，“算了，说得再多你也意识不到自己的错误，总而言之，今天的事情以后绝对不许再犯，仅此一次，下不为例。”

回到房间里，只见张笑颜嘭的一声关上了房门，呈“大”字形地躺在了床上。“不就是往大米粥里加了一勺盐吗？”她喃喃自语，“用得着从头到脚把我数落一番吗？还总拿‘别人家的孩子’来说事……”想着，她翻了个身，“真是讨厌。”

这个时候，高乐乐蹑手蹑脚地走到张笑颜的房门口，轻轻敲了敲门：“表姐，姑妈让我给你送一杯热牛奶。”

“我不喝！”还在气头上的张笑颜蹬了蹬腿，“还有，以后不要叫我‘表姐’，你找别人家的孩子当表姐吧！”

“表姐还能说换就换？”碰了一鼻子灰的高乐乐撇撇嘴，知趣地后退了一步，“不喝算了，我喝。”

只可惜，现在的张笑颜只顾着生闷气，完全不知道张妈妈说的那番话是好意，毕竟，人生的路要自己走，你今天所做的是你明天所得的，想要成大事，前提是要懂事，如果你不懂得人情世故，以后一定会吃亏的！

竞争和压力，他们是一对孪生兄弟

林湘巧是张笑颜的同学兼好友，身为班长的她成熟稳重，成绩优异，说起话来也像个小大人一样，总是脱口而出一些大道理，深得老师和家长的喜爱。

这天下午，上完补习班的林湘巧如约来到张笑颜的家中。她扎着高高的马尾辫，戴着近视眼镜，只是当下的她眉头紧锁，一脸的“苦瓜相”，就好像是受了什么委屈。见况，张笑颜小心翼翼地问道：“你没事吧？”

“有事也没事。”林湘巧没头没脑地说了一句，“我也不知道算有事还是没事。”

“不知道？”张笑颜就像是听到了一个笑话，她哈地笑了一声，接着道，“你连自己有事没事都不知道？你该不会是真有事吧？”

“说来话长。”林湘巧深叹一口气，没有再卖关子，“不瞒你说，最近我感觉压力特别大，我从来没有如此心烦意乱过。”她看着张笑颜说：“你知道吗？我参加的补习班里，有好几个年纪比我小，但是成绩还比我好的同学，真是不可思议。”

“比你成绩还好？”张笑颜半信半疑，“如果我没记错的话，这一次期末考试你是全年级的第三名，也是数学单科状元，比你的成绩还要好，难不成考满分？”

“就是满分！”林湘巧点点头，“坐在我前排的小男孩今年才十三岁就读初二了，数学和英语成绩都是满分。还有我的同桌，她是初一的学生，但是已经在学习初三的内容了。相比之下，我逊色多了。”

“果然是应了那句老话——人外有人，天外有天。”张笑颜抿抿嘴，顿了顿，“你们补习班藏龙卧虎，个个都是‘学霸’。”

“所以，一想到今年下半年就要升初三了，压力就排山倒海般地向我席卷而来，我觉得自己都快喘不过气来了！”

“‘排山倒海’……”张笑颜重复了一嘴，“你未免也太夸张了。在我看来，有压力是一件非常正常的事情，你有压力，我也有压力，但我的压力不是因为学习，而是因为我那个恼人的表弟！”

说曹操，曹操到，张笑颜刚刚提到高乐乐，高乐乐就打开房门，伸了一个懒腰。

“这位是……”林湘巧一惊，因为她不知道这个家里除了张笑颜，还有第二个人。

“我叫高乐乐。”高乐乐大大方方地做了自我介绍，“我是她的表弟，就是她刚刚提到的恼人的那一位。”

“好小子！你竟然偷听我们说话！”

张笑颜拿起靠枕，想都没想就朝着高乐乐的方向丢去，可高乐乐呢？身子一跃，轻轻松松地接到了抱枕，还冲着张笑颜吐了吐舌头，做了个鬼脸：“你打不着！”

此情此景，让林湘巧笑出了声：“你们两个简直就是一对‘活宝’，真的太搞笑了，我也想有一个弟弟天天陪我在家里闹。”

“请你把他带走，我绝无二话，还双手叫好，”张笑颜脱口而出，“我的忍耐已经快要到极限了！”

殊不知张笑颜越是生气，高乐乐越觉得有趣：“我不走，我哪儿也不去，我这个寒假都要待在这里，你管不着！”

见况，林湘巧急忙做了一个“暂停”的手势。“好了好了，你们两个人不要吵了，快来帮我想想办法吧！”说着，她看向高乐乐，“你人小鬼大，帮我出出主意，如何才能尽快调整心态，释放压力呢？”

“压力？”高乐乐只觉得“压力”这个词离他有点儿远，但他却有自己的见解，“我的爸爸经常因为压力大而睡不着觉，于是，他就用运动来释放自己的压力。从去年开始，他每天晚上都要夜跑，回家后再洗一个热水澡。他说，压力会随着汗液偷偷溜走。”

“夜跑？”林湘巧想了想，“这是一个好的建议，但是并不适合我，因为我不擅长跑步，我也不喜欢运动。”说罢，她又看向张笑颜，“你呢？你的‘鬼主意’最多，有什么好的主意吗？”

“我倒是觉得，你的生活不必那么严肃。”张笑颜端正坐好，难得认真了起来，“你总是那么苛刻地要求自己，即使是在假期也不让自己好好地放松一下。你可以尝试着让大脑放空，放慢生活的节奏。这样一来，压力感很快就会消失。”

“可是，时间不就白白浪费掉了吗？”林湘巧眨眨眼，“我已经习惯了我的生活节奏，如果忽然让我放慢脚步，我反而会更加诚惶诚恐，不知所措，到时候，压力会不会变得更大呢？”

“那就准备一个笔记本吧！”高乐乐灵机一动，接过话，“你可以准备一个专用的笔记本，把你的烦心事和压力通通写在上面，或是找一个倾诉的对象，把你的烦恼倾诉给对方。当你的压力有了发泄口，就不会因为压力而困扰了。”

“如果你怕自己的‘小秘密’被别人看到，你可以买一个带密码的日记本，”说着，张笑颜跑到卧室里翻出了一个日记本，“就是这样的日记本，如果你喜欢，我就把它送给你，反正我已经有了发泄的对象，我用不到。”

“喂！你这话什么意思？”高乐乐只觉得张笑颜的这句话是在针对他。

“我没点名没道姓，请你不要对号入座。”说完这句话，张笑颜得意地仰起头，接着道，“把你的不愉快通通写在上面，它一定会成为你最忠实的听众的！”

不得不说，张笑颜和高乐乐这两个人虽然总是爱拌嘴，但配合起来还真默契。这不，不到五分钟的时间，他们就接二连三地给林湘巧出了好几个主意，解决了她的难题，也不知道是不是心理作用，她也忽然感觉到如释重负了。

这天晚上，张笑颜对着张妈妈抱怨道：“这个高乐乐，一点儿都不懂礼貌，他竟然偷听我和林湘巧说话，还好林湘巧宽容大气，不计较。”

“你还不是一样，总是处处针对乐乐？”张妈妈反驳了一句，似乎是意识到了气氛的不对劲，她话锋一转，开口道，“林湘巧真是一个努力的好孩子，学习成绩那么优异，寒假里还忙着补习功课。在我看来，她感觉到了压力并不是坏事，压力的反面就是动力，当她意识到了这一点，她一定可以战胜压力。”

“林湘巧后来也是这么说的。”张笑颜点点头，“她说，压力虽然让她觉得疲惫，但反过来想，正是因为有了压力，才让她有了更加努力的动力。她还说，她会尝试着改变心态，变得更加积极向上。”

没错，有了压力不可怕，可怕的是不能正视压力的存在，不懂得适当地排解压力。好在，林湘巧是一个聪明的孩子，她很快就意识到了问题的所在，调整了心态。

沉浸在过去中的你，一点儿都不可爱

最近，张笑颜家的楼道里出现了一个奇怪的男孩。那男孩大概十一二岁的模样，留着厚重的西瓜头，刘海挡住了半只眼睛，让人很难看清楚他的表情。他总是一个人坐在楼梯上，即使有人从他的身边经过，他也不声不响。

这天下午，高乐乐刚进家门，就对着张笑颜道：“喂！那个男生又出现了，只不过今天他还抱了一只小狗，就在咱家门口。”

“真的假的？”张笑颜半信半疑地挪动步子，从门镜向外望去，果不其然，那个男生就坐在她家门口的楼梯上，怀里还抱着一只白色的宠物狗。见况，她转过头来对着高乐乐道：“你有没有和他说什么？”

“我想要和他说话，可是，看到他总是低着头，好像不太好相处的样子，我就把话咽到肚子里了。”说着，他努努嘴，“要不？你去问问他？”

“凭、凭什么我去？”张笑颜后退了一步，“你们都是男孩子，年纪又相仿，应该你去才合适！”

“可是，你的年龄比我大，你应该更有担当，说起话来也更有分量。”说着这话，高乐乐挑挑眉，话里有话地道，“难道……

你是怕他‘吃’了你？”

“才不是呢！我可不是胆小鬼！”不知是不是为了“一雪前耻”，只见张笑颜头一抬，毅然决然地打开了门，见那个男生背对着她端正地坐在台阶上，她清了清喉咙，壮着胆子道：“嘿！你是新搬来的吗？”

风声掠过，沉默代替了回答。

见况，张笑颜顿了顿，接着问道：“你住在哪里？你为什么一个人坐在这里？你在等谁？”见他还不说话，她干脆跺了跺脚，“喂！我和你说话呢！你能不能有点儿礼貌，难道你不会说话吗？”

强硬的口吻加上不耐烦的态度，使得男孩的肩膀一抖，战战兢兢地站起身，只是他没有回答张笑颜的问题，甚至都没有转过身子，只留下了一句“对不起”，就抬起脚朝着楼下快步走去……

这时，站在一旁的高乐乐探出了头：“别走啊！我们只是想要和你聊聊天而已，没有恶意。”见男生停下了脚步，他踩着拖鞋就跑了出去，一把拉住了男生的胳膊，对他说：“如果你有烦恼，可以和我们说，我们会帮助你的。”

诚恳的态度让男生一愣，抬起了头：“你们会帮助我？”

意识到男生真的有心事，高乐乐斩钉截铁地点点头：“对，我们愿意帮助你。”

这个男孩名叫张硕，今年十一岁，是一名四年级的学生。曾经的他和现在的他不一样，原来的他乐观开朗，喜欢交朋友，学习成绩也非常优异，在班级里还担任学习委员一职，只不过这一切，在一个月之前发生了翻天覆地的变化……

那是一个星期三的下午，放学回到家后，张硕才意识到自己的语文课本落在了教室里，于是他又重新返回了学校，用传达室的备用钥匙开了门，殊不知就因为这件事情，他被怀疑成了小偷！

隔日一早，张硕的同学就发现自己的水彩笔不见了，与此同时，周三下午留在操场上踢球的几个男生集体作证，说目睹了张硕独自一人去过教室，出来时还拎着一个大口袋。张硕实话实说，可是，他的解释根本就站不住脚，因为当天根本就没有语文作业，更没有人相信他拿语文课本只是为了预习功课，于是，张硕成了重点怀疑的对象，一时之间成了别人口中的“小偷”。

因为这件事，老师立下了班规——在没有经过老师同意的情况下，任何人都不可以借用传达室的备用钥匙出入教室。事情虽然过去了，但是这一个多月以来，张硕一直陷于痛苦之中，原本热情开朗的他变得沉默寡言，学习成绩也一落千丈。

听到这儿，张笑颜禁不住问道：“事情已经过去这么久了，应该没有人再提起这件事了吧？”

“可是，在同学们的心里，我就是那个小偷。”说这话的时候，张硕的眸子里闪过了一丝忧郁，“所以，这个寒假我来到了外婆家，就是为了离开那个地方，而且，我已经办理转学手续，开学我就要在这边上学了，我再也不要回到那个地方了！”

得知事情的来龙去脉，高乐乐宽慰道：“或许转学对你来说是抚平伤疤最好的方法，但是我还是想要劝你，你其实没有必要因为过去的事情闷闷不乐。过去的事情已经过去了，你要做的是尽快把它忘掉，而不是胡思乱想。你越是念念不忘，这件事情就越在你的脑海里根深蒂固，甩也甩不掉。”

高乐乐的一番话合情合理，张笑颜禁不住赞同地点点头：“没错，过去的事情就让它过去好了，不管谁对谁错，时光都不能倒流，你要学会放宽心，调整自己的心态，而不是活在过去的阴影当中，用他人的错误惩罚自己。”

“不要活在过去的阴影当中，用他人的错误惩罚自己……”张硕呢喃着这句话，陷入了沉思。

回到家的时候，张笑颜对着高乐乐道：“我想起了我上小学的时候，那个骄傲自大的同桌，他总是沉浸于过去的成就之中，逢人就提他获得过的奖项和荣誉，总是沾沾自喜，目中无人。可是，在别人的眼里，他的行为极其可笑，因为他只会炫耀自己的过去，现状却一塌糊涂，不仅学习成绩差，还总是口出狂言、惹是生非，没有人愿意和他做朋友。”

“看来，这些沉浸于过去的人都太可怕了，不是过分的自卑，就是过分的自大……”说着，高乐乐看向张笑颜，“你呢？你不会也为过去的事情而耿耿于怀吧？比如……”

“比如你曾经用水彩笔在我的本子上乱涂乱画，比如你弄坏了我的遥控车，比如你总是在我的家人面前说我的坏话！”提起这一茬，张笑颜的眉头又皱了起来，“一码归一码，这些事情我一辈子都忘不掉。”

高乐乐道：“喂！刚刚你还给张硕讲道理，说做人不要沉浸于过去，要向前看。你要以身作则才有说服力！”

“那岂不是便宜了你？”张笑颜不吃这一套，“我警告你，就算以前的事情一笔勾销，那昨天的事情怎么算？哼！别以为我不知道，昨天你偷偷摸摸进了我的房间，用了我的转笔刀。”

“这你都知道？”高乐乐惊呼一声，“难道你的后脑勺长了眼睛吗？你也太可怕了吧……”

“你说谁可怕？”

“谁听得见我就说谁……”

吵吵嚷嚷中，这对“欢喜冤家”又打起了口水仗。霎时，家里又变得热闹起来了。

善良和软弱，这是两码事

张笑颜有一个网友，网名叫小雨滴。

小雨滴和张笑颜同年同月同日生，她是一个内向的女生，平日里唯唯诺诺，说起话来也是温声细语，每当有烦心事的时候，她都会找张笑颜诉苦，久而久之，张笑颜成了她诉心事的对象。

这天也是一样，张笑颜刚打开电脑，对话框就滴滴滴地响个不停，见对方是小雨滴，她先是叹了一口气，紧接着不慌不忙地打了一行字：“亲爱的，你该不会又有烦心事了吧？”

“知我者，莫若张笑颜也。”小雨滴道，“你知道吗？昨天我受了很大的委屈。”

“怎么了？难道你弟弟又欺负你了？”张笑颜的手指在键盘上飞舞，很快就打出了两行字，“你的弟弟和我的表弟有一拼，同样调皮捣蛋，令人头疼。但是我比你幸运一点儿，我的表弟只在我家待一个寒假，上学他就回去了。”

小雨滴先是发送了一个“难过”的表情，紧接着发来了一行文字，“这一次不是因为我的弟弟，而是因为我的同学。”

“你的同学又欺负你了？”张笑颜似乎见怪不怪，“还是那个说话不经过大脑的同桌吗？”

“不是，”小雨滴停顿了几秒钟，打字道，“是我最好的两个朋友，她们因为要出门度假，同时把作业本都送到了我这里，让我帮她们写作业、画手抄报，还让我帮她们做发明创造，我自己的作业都还没有做呢。”

“天啊，真的太过分了。”张笑颜发送了一个“愤怒”的表情，“你的好朋友怎么能够这么自私呢？自己的事情自己做，这个道理就连三岁小孩都知道。”

“没办法，她们说做一份也是做，做两份也是做，反正都是做，那就让我一个人做。”小雨滴发了一个“无奈”的表情，“我不知道如何拒绝，就答应了她们的请求。但是现在想一想，是我太草率了。”

“你何止是草率，你简直就是软弱，总是做事不经过大脑，自讨苦吃。”或许是意识到自己的话有些过分，张笑颜又加上一句，“我的意思是说，你要学会为自己着想，小心人善被人欺，马善被人骑。”

“我知道……”小雨滴回复道，“我也不想这样，但是在朋友的眼中，我就是一个有求必应的人，从来都不会拒绝任何人，更不会和人吵架翻脸，所有人都觉得我帮助他们是理所应当的。所以，我根本就不能拒绝。”

“是‘不能’，还是‘不敢’？”张笑颜一针见血地说，“依我看，你就是害怕得罪别人，所以才委屈自己。你就是一个‘老好人’！”

“或许吧……”这一次，小雨滴没有反驳张笑颜的观点，反而顺着她的思路道，“我就是这样的性格，怕得罪人，怕被人讨厌，说起话来也细声细气的，用我妈妈的话说，我太善良了。”

“亲爱的，善良和软弱是两码事。”张笑颜苦口婆心地劝道，“真正善良的人虽然随和，通情达理，乐于助人，但是有最起码的是非观，懂得善与恶、对与错，有自己的原则和底线。而你呢？有求必应，把好朋友的寒假作业大包大揽，你觉得，你这么做是对还是错？是帮助她们，还是害了她们呢？”

“我……”小雨滴哑口无言，没有了下文。

见况，张笑颜继续劝道：“小雨滴，我虽然没有见过你，但是我相信，你一定是一个温柔的女孩子。我希望你在与人相处的时候，要有原则和底线，懂得维护自己的权益。同时，你也没有必要为了讨好别人委曲求全。尊重和理解是相互的，你要明白这个道理。”

后来，闲来无事的张笑颜和高乐乐聊到了关于小雨滴的事，高乐乐道：“你也太直接了，小雨滴只是和你抱怨生活中的烦恼，可你却从头到脚数落了她一番，她是苦上加苦、难上加难。”

“我说那些是为了她好，”张笑颜坐直了身子，一字一顿，“你知道她做出过多少可笑的事情吗？”

“不知道。”高乐乐摇摇头，等待着张笑颜的下文。

只听张笑颜道：“她曾经帮助她的同桌做了半个学期的值日生，曾经一个晚上帮十个同学写作文。还有一次，她把自己的车费借给了别人，自己只能走路回家。”说到这儿，她反问高乐乐：“现在你还觉得，我是小题大做吗？”

谁知听到这儿，高乐乐惊呼了一声：“天啊！我怎么遇不到这么傻的同桌！”

“我和你说正经事呢！”张笑颜眉头一皱，啧了一声，“别把别人给予的帮助当作理所应当，没有人有义务替你做你的分内之事，自己的事情自己做，别总想着偷懒……”

“我只是开个玩笑。”高乐乐吐了吐舌头。

“总而言之，你可别想着让我替你做作业，我自己的作业还没做呢！”张笑颜话锋一转，犀利的眸子一瞄，“听到了吗？”

“听、听到了。”

如果抱怨可以解决问题，那这个世界会变成什么样？

这天夜里十点钟，张笑颜捂着肚子疼得直打滚儿，见况，张妈妈第一时间把她送到了医院，高乐乐放心不下，也担忧地跟了过去。

病床上，张笑颜眼泪纵横，哽咽着：“妈，我疼……我是不是得了什么不治之症……”

“别胡说八道，”张妈妈替张笑颜盖上了被子，“医生说了，你得的是急性肠胃炎，只要打个点滴，吃点儿药，过几天就能痊愈。”

“我……我也没有乱吃东西，为什么会得急性肠胃炎呢？”张笑颜苦着脸，吸了吸鼻子，“真是倒霉！”

“表姐，如果我没有记错的话，今天晚饭后，你把冰箱里的一瓶剩了一半的酸奶喝掉了，而且，你还吃了两个冰激凌。”说着，高乐乐看向张妈妈，“姑妈，您说是不是因为表姐贪吃，所以才得病？”

“你才贪吃呢！家里的零食都让你吃了！”都这个时候了，张笑颜还不忘和高乐乐斗嘴，“如果不是你把薯片和坚果都吃光了，我也不至于吃两个冰激凌！”

“胡说，你是因为怕我吃你买的冰激凌，所以才一口气吃了两个。”高乐乐毫不客气，“怪不得你肚子疼！”

听到这儿，张妈妈一拍大腿说：“忘了告诉你们了，冰箱里的半瓶酸奶早就过期了，不能喝了。”她看向张笑颜，说：“你准是喝了过期的酸奶得的病。”

“妈！酸奶都过期了，您还放在冰箱里干什么？为什么不丢掉呢？”张笑颜气不打一处来，“现在好了，我得了急性肠胃炎，痛得直打滚儿，您满意了！”

“这孩子，怎么总说胡话？”张妈妈解释道，“我听说过期的酸奶可以用来护发，还能够兑在清水里浇花，所以我就没舍得扔，想要留下来试一试，可这一出差就忘记了……”说完，张妈妈又自责地道：“都怪我。”

“当然怪您了，如果不是您把过期的酸奶放在冰箱，我也不至于遭这罪。”说罢，张笑颜不满地蹬了蹬被子，“真是倒霉……”

事已至此，高乐乐道：“表姐，事情已经发生了，你就不要责怪姑妈了，姑妈又不是故意的。再说了，抱怨也解决不了问题，现在你能做的，是老老实实地打针、吃药，只有配合治疗，肚子才不会痛。”

“嘿！我是受害者，凭什么不能抱怨了？”有气没处撒的张笑颜干脆把苗头指向了高乐乐，“事没出在你身上，你别幸灾乐祸。”

“我这怎么是幸灾乐祸呢？”高乐乐看向张妈妈，“姑妈，表姐是不是脑袋也坏了，怎么净胡说八道……”

说话这时候，一个坐着轮椅的老奶奶缓缓地来到了张笑颜的病床前，她先是四处瞅了瞅，紧接着笑盈盈地问道：“请问，你们看到我老伴了吗？”她用手比画了一下，“大概一米七，身材中等偏瘦。”

“是刚刚那位老爷爷吗？”张笑颜想起了刚刚坐在他们隔壁

床的那位老爷爷，“穿着蓝色的上衣、黑色裤子？他去取药了，您稍等一下。”

“对，就是他。”老奶奶边说，边来到病床前，将裹在脖颈处的红色毛巾取了下来。她见张笑颜愁眉苦脸，便禁不住问道：“小姑娘，你怎么了？着凉了？”

“不是，都怪我妈。”张笑颜直言不讳，“都怪她把过期的酸奶放到了冰箱，害我在不知情的情况下喝了它，得了急性肠胃炎。”说着，她不满地嘟起嘴：“真是扫兴，本来明天早上我约好了和同学们出去玩的，现在可倒好，这几天只能待在家里哪儿也不能去。”

“原来是这么一回事。”老奶奶慢条斯理地道，“生病是一件很正常的事情，既然事情已经发生了，那就要坦然地接受，不要抱怨。”说着，她掀开了大衣的下摆：“你看，我比你更糟糕，可是，我从来都不会抱怨。”

直至这时，张笑颜才看到这个坐着轮椅的老奶奶没有腿。“天啊……”她用手捂住嘴巴，倒吸了一口凉气，“您……您这是怎么了？”

“二十年前，我出了一场车祸，为了保住性命，我必须要截肢，否则，我只有死路一条。”这是一件大事，可在老奶奶的口里，却显得云淡风轻。

“您那个时候，一定很痛苦吧？”高乐乐禁不住道，“如果换作是我，我可没勇气做出选择。”

老奶奶道：“我当时只有一个念头——活下去。”

“那后来呢？”张笑颜追问道。

“后来，手术非常成功，虽然失去了双腿，但是我活了过来，我可以像正常人一样的吃饭，一样的大笑，我的手也很灵活，可以继续写字、练字。”说着，老奶奶慈爱地一笑，“再后来，我的老伴卖了他的手表，给我配了一个轮椅，我坐着轮椅，又可以出门晒太阳了。”

“您的心态可真好，”张妈妈称赞道，“并不是每个人都能像您一样，坦然地面对生活中的苦难。”

“对于无法改变的事实，除了接受，还有什么更好的方法吗？”说着，老奶奶看向张笑颜，“你要向我学习，学习这种乐观的精神，不要抱怨，也不要哭哭啼啼，生病了就接受现实，等身体恢复了，就又能活蹦乱跳的了。”

老奶奶的一番话合情合理，让张笑颜顿时无地自容。

是啊，一个遭遇过截肢痛苦的老人都能够笑着面对生活，而她只是得了小小的肠胃炎，还有什么资格连连抱怨呢？想到这儿，她对着张妈妈道：“妈，我刚刚心情不好，对您抱怨个不停，我不是有意的。”

“没关系。”张妈妈摸了摸张笑颜的头，“咱们一家人，不说两家话。”

乐观且自信，才是最可爱的人

就在张笑颜和张妈妈握手言和这会儿，老奶奶的老伴来了，只见他一手拿着药，一手拄着拐杖，向老奶奶的方向走了过来：“这么冷的天，我让你在家里等着，你怎么出来了。”

“太晚了，我不放心。”老奶奶边说，边看向张笑颜一家人，“况且，我在这里交到了新朋友，乐在其中。”

“你啊，还和你年轻的时候一个样。”老爷爷边说，边坐在了病床上，滔滔不绝起来，“她啊，年轻的时候就喜欢交朋友，上到九十九岁的老人，下到咿呀学语的孩童，她都能和他们聊到一起去，现在也是一样，走到哪里都喜欢交朋友。”

“这是一件好事，”张妈妈道，“阿姨的性格好，那是她的福气。”

“你说得没错，她的性格就是她的福气，乐观、开朗、自信。”老爷爷道，“她年轻的时候是一名话剧演员，我在观众席上看到她第一眼的时候，就被她自信的笑容迷住了，当时我就发誓，一定要把她娶回家。”

“真的假的？”张笑颜就喜欢听故事，“难道，这就是传说中的‘一见钟情’？”

“没错，就是一见钟情。”老爷爷笑着道，“从那天开始，我只要赚到了钱，就去看话剧，就是为了见她一面。可是，好景不长，在我二十五岁那年，我和父母搬离了山东老家，就再也没有机会见到她了。”

“那后来是怎么遇见的呢？”高乐乐问道，“你们现在不是终成眷属了吗？”

“后来的事情，我来说。”老奶奶笑着接过话，“后来，我随话剧团到各地演出，有一天，我见路边躺了个人，便把他救了起来。我不知道他住在哪儿，就把我的房间让给了他，当他睁开眼睛的时候，已经是一天以后了。”

“在我睁开眼睛的那一刹那，我还以为见到了天使，她冲着我笑，我的病一下子就好了。”说到这儿，老爷爷拉住老奶奶的手，“她救的人就是我，我看到的人就是她，她得知我是因为家庭的变故而流落街头的时候，就决定留下来照顾我，后来，我们就在一起了。”

“真是一个浪漫的爱情故事，”张笑颜止不住道，“如果不是亲耳听到，我还以为这种故事只能发生在电视上呢。”

“现实往往比剧本更加精彩。”老爷爷道，“在她的鼓励下，我走出了困境，又变得自信了起来。我学着人家做生意，卖鞋垫、卖草席，她就留在家里缝缝补补，做针线活，我们的日子越过越好，直到二十年前……”说到这儿，老爷爷鼻子一酸，哽咽了。

见况，老奶奶拍了拍老爷爷的肩：“不打紧，我的事情都和孩子们说了，而且，我现在不是好好的吗？我有自信，我们的生活会越来越好。”

“我就是喜欢你这份自信。”老爷爷吸了吸鼻子，又笑出了声，“直到现在，我依旧记得第一次见到你时，你脸上那自信的笑容，那是我见过最温暖的笑容……”

回到家后，已经是凌晨了。

只见张笑颜躺在床上，呼出了一口气：“还是自己家的床最舒服。”

“肚子不疼了？”张妈妈明知故问。

“吃了药，不疼了。”说着，张笑颜爬起身，“妈，您说我们在医院里碰到的那一对老人，尤其是那个老奶奶，为什么会那么乐观、自信？如果换作是我，别说是截肢了，就算是少一根手指头，我都接受不了。”

“这就是你和人家的差距，”张妈妈借机道，“这个世界上有两种人，一种是遇到了事情就怨天尤人的人，一种是迎难而上、乐观自信的人，你是前一种人，人家是后一种人。”

“妈！”张笑颜皱起眉头，“你怎么总是哪壶不开提哪壶呢！事情都已经过去了，再说了，我也没有再抱怨了。”

“你虽然没有再抱怨了，但是遇到事情的时候，你总是眉头紧锁，嘴角下拉。”张妈妈指了指张笑颜的眉头，“就像现在。”

“这、这是我的本能反应。”张笑颜道，“我一直都这样。”

“但是乐观、自信的人就不这样。”张妈妈道，“就像你爸，无论发生任何事情，他都是笑嘻嘻的，嘴上说着‘没事’，结果呢？还真没事，每一次都能够化险为夷。后来我问他，你难道有‘未卜先知’的能力吗？怎么你说没事就没事？你猜你爸爸怎么说的？”

“怎么说的？”张笑颜竖起耳朵，等待着张妈妈的下文。

只听张妈妈道：“你爸说，因为他有信心克服困难，所以就没事。”

“切！”张笑颜撇撇嘴，“原来我爸年轻的时候，就喜欢耍嘴皮子，逗你开心了。”

“那不是耍嘴皮子，也不是逗我开心，那是他的人生观，是他的做事态度。”说着，张妈妈又把话题扯到了张笑颜的身上，“你啊，应该多向那位老奶奶学习，多向你爸爸学习，乐观一点儿，自信一点儿，而不是一遇事就毛毛躁躁，手忙脚乱。”

“说了半天，您还是在训斥我……”张笑颜干脆一头钻进了被窝，“我要睡觉了，您也早点儿休息吧。”

“好吧。”张妈妈替张笑颜掖好被角，轻轻关上了门，只不过在临走之前，她的嘴角露出了一抹笑意，因为她隐隐约约地感觉到，张笑颜虽然口气强硬，但是她的心已经变得温柔起来……

第二章
时间一分一秒地过，不要活在别人的世界观里

众口难调，不可能全世界的人都喜欢你

张妈妈是个美食爱好者，尤其喜欢甜品，闲来无事就会做一些泡芙、蛋挞、曲奇等甜品。这天趁着难得的假期，她又撸起袖子，在张笑颜和高乐乐的面前露了一手。

“妈，您今天准备做什么？”张笑颜看着张妈妈将两块黄油放入了锅中加热，“难不成又要做面包？”

“我做泡芙给你们吃。”说着，张妈妈打开火，很快，黄油就慢慢融化了。

站在一旁的高乐乐只觉得神奇，因为他平日里很喜欢吃泡芙，但他只知道吃，完全不知道泡芙是怎么做出来的。于是，他禁不住道：“姑妈，我已经迫不及待地想要尝一尝您做的泡芙了。”

“告诉你，我妈妈做的泡芙可好吃了！”张笑颜故意把“我妈妈”这三个字加大了音量，还补上一句，“你家里人会做吗？”

“不会……”高乐乐摇摇头。

见况，张笑颜得意地仰起头，说：“那你就等着品尝吧！”

与此同时，张妈妈往融化的黄油里加入了适量的牛奶、盐和糖，充分搅拌均匀之后又加入了面粉，直至充分融合，翻拌呈面团状后才关了火，放到了一边晾凉备用。见张笑颜和高乐乐站在一边不肯离开，只听张妈妈道：“你们也想试着做一做吗？”

一听这话，张笑颜急忙摇摇头：“我可不会做这个。”

“不会做你可以学啊！”高乐乐接过话，“每次遇到事情，你总说‘我不会’，你不去尝试，不去学习，那永远都不会。”说着，高乐乐看向张妈妈，说：“她不做，我做！”

过程很简单，高乐乐只需要把张妈妈准备好的鸡蛋液缓缓倒入晾凉的面团中。看似简单，但想要把简单的小事做好也并不容易，为了让蛋液充分融合到面团中，高乐乐前前后后共停顿了六次，每一次都是确保蛋液充分融合之后，再进行下一次调和。好在功夫不负有心人，在高乐乐的努力之下，他终于圆满地完成了任务。

随之，张妈妈将面团放入了裱花袋中，一个一个挤入烤盘，再将烤盘放入烤箱，用二百一十摄氏度烤了二十分钟，又降到一百八十摄氏度烤了三十五分钟。等待总是漫长的，近一个小时过去了，待张妈妈打开烤箱，顿时奶香四溢，甜香的味道充盈了整个房间。

“太棒了！”高乐乐忍不住马上就想拿起一个泡芙塞到嘴巴里。见况，张妈妈急忙制止：“心急吃不了热豆腐，别急，还有最后一个步骤没有完成呢！”

“还没有完成？”高乐乐看着已经成形的泡芙，禁不住舔了舔嘴角，“我觉得现在已经可以吃了。”

“还有这个！”张妈妈边说，边拿出了准备好的淡奶油，“在泡芙中加入淡奶油，会更好吃哦！”

“对哦，我都忘记了。”高乐乐拍了拍脑袋，等到泡芙晾凉之后，他亲手将淡奶油挤入了泡芙中，这样一来，美味的泡芙就大功告成了！

张笑颜坐在沙发上边看着电视，边品尝着新鲜出炉的泡芙，别提有多惬意了。“妈，您做的泡芙可真好吃！比蛋糕店里卖的泡芙都好吃！”张笑颜对张妈妈说。

“我是业余的。”张妈妈谦虚地摆摆手，“怎么能和人家专业的相提并论呢？”

“我说的可是真话，”说着，张笑颜用手杵了杵正吧唧着嘴的高乐乐，“你别只顾着吃，你说话啊！”

“好吃！好吃！”高乐乐赞不绝口，又拿起一个泡芙塞到嘴巴里，嚼得津津有味。

见况，张笑颜忽然之间有了一个主意：“妈，你为什么不试一试把你制作的甜品分享到‘朋友圈’呢？说不定可以和其他甜品爱好者分享美食，交流心得呢！”

“我没有那个自信，”张妈妈腼腆地一笑，“我担心自己做的东西不好吃，别人不喜欢。”

“好吃还是不好吃您心里清楚！”张笑颜鼓励道，“不要怀疑自己，趁着泡芙还剩下那么多，您借机发一条‘朋友圈’试一试，说不定就有同好找上门来呢？”

在张笑颜的提议和怂恿下，张妈妈半推半就地发了一条“朋友圈”，殊不知还不到五分钟的工夫，几条信息在同一时间发了过来，张妈妈一看，惊讶得合不拢嘴：“笑颜，有两个人对我的泡芙感兴趣，是咱们的邻居。”

“好事啊！”张笑颜一拍巴掌，“我来，我帮您送过去。”

半个小时后，张笑颜送完泡芙回到家。张妈妈开始坐立不安，拿着手机等待着邻居的反馈。可是，等来等去，等到的却是一条“泡芙个头太小了，淡奶油太腻了”的“差评”。霎时，张妈妈原本满怀期待的心就像是被浇了一盆凉水一样，没有了热情。

“妈？您没事吧？”意识到了妈妈的情绪变化，张笑颜急忙凑了过去，“发生什么了？”

“邻居说泡芙个头太小，淡奶油太腻，”张妈妈苦笑一声，“我就知道，其实我做的甜品没有那么好吃。”

“怎么可能呢！”高乐乐站起身子，愤愤不平，“我不觉得泡芙的个头小，也不觉得淡奶油腻，我觉得大小和味道刚刚好，比我吃过的任何泡芙都好吃。”

“谢谢。”张妈妈抬起头，“你就不要安慰我了，看来，我不应该听你的，发那一条‘朋友圈’，懂甜品的人太多了。”

“高乐乐没有安慰您，我也不觉得这件事情有什么了不起。”张笑颜直言快语，滔滔不绝地道，“众口难调，有的人爱吃甜品，有的人爱吃辣椒，有的人还吃酸菜，还有的人爱喝苦咖啡，每个人喜欢的味道不一样，一个人说您做的泡芙不合胃口，并不代表其他人不喜欢，更不代表您做的泡芙不好吃！”说到这儿，她顿了顿，接着道：“不是还有一个邻居没有给您反馈吗？您再等等看！”

说曹操，曹操到！

张笑颜的话音刚落，另一个邻居的反馈就发了过来，只见对方写道：“你做的泡芙太好了，又精致，奶油比例又合适，比我做的好吃多了。”看到这句话，张妈妈露出了喜悦的神色。

没错，众口难调，人人都是独立的个体，有自己的思想和灵魂，你的为人和你做的事情，并不会让所有人都喜欢、满意。但你只要问心无愧，并力所能及地做到最好，就一定会找到知己，获得大部分人的青睐。

努力过，就是最好的结局

住在张笑颜家对门的租客是一个名叫李可欣的大姐姐，她今年二十八岁，是一名插画师。平日里，她总是宅在家里大门不出二门不迈，而最近这些日子，由于到外地参加比赛的关系，她已经很久没有待在家里了。

这天下午，张笑颜刚走出小区，就见李可欣从出租车上走了下来。见她一手提着一件行李，走路的样子有点儿吃力，张笑颜急忙上前搭了把手：“可欣姐，你总算是回来了，这段日子你不在，我总觉得少了点儿什么。”

“是你又受了委屈，想要找我诉苦了吧？”李可欣半开了一个玩笑，只不过，她说话的语气听起来有些疲惫。

“累坏了吧？”张笑颜说着，拎起行李箱蹭蹭蹭地走在了前头，“我妈妈每次出差回来，都像你一样拎着大包小包，然后在家里休息好几天。”

“我买了一些美术用品，”李可欣道，“顺便给你挑了一个粉色的笔袋，我想你应该会喜欢的。”

“可欣姐，你真好。”张笑颜难得嘴甜了一次，只是话说到这儿，她忽然想起了正经事，“比赛怎么样？是不是如愿以偿获得了一等奖？”

“我……”李可欣一愣，眸子也跟着黯淡了下来，“让你失望了，我只获得了优秀奖……”

“怎么可能！”张笑颜气喘吁吁地转过头，“你的作品那么棒，好几家杂志社想要和你签约呢，怎么可能只获得了优秀奖呢？”

“人外有人，天外有天，其他参赛者的实力摆在那里，没有办法，我输得心服口服。”说完这句话，李可欣苦笑了一声，“没关系，我再接再厉就好了。”

回到家后，张笑颜把笔袋啪的一声放在了茶几上，对着张妈妈道：“怎么样，漂亮吧！”

“可欣送给你的？”张妈妈明知故问。

“您怎么知道？”张笑颜眨巴着眼，“我可没有和你说过可欣姐回来了。”

“是没说，但是我听得到。”说着，张妈妈指了指门口，“刚刚到可欣家里去，你说的那一句‘我终于可以和你诉苦了’，我和乐乐都听到了。”

提到高乐乐，张笑颜左右看了看：“那个‘小鬼头’呢？哪儿去了？”

“刚刚下楼玩了，”张妈妈边说，边把晾凉的蛋挞装到了食品袋里，“刚好，你去把这些蛋挞送给可欣，她平时对你那么好，你要懂得礼尚往来。”

“现在？”张笑颜摆摆手，“现在不是时候。”

“怎么不是时候？”张妈妈一脸的诧异，“蛋挞只有新鲜出炉的才最好吃！”

“我不是这个意思，我的意思是说，现在可欣姐更想一个人静一静，她也没有胃口吃蛋挞。”说完这句话，张笑颜压低了身子，对着张妈妈的耳根小声道，“可欣姐这次比赛只获得了优秀奖，她从来都没有这么失落过，我猜……她现在在哭呢……”

“不会吧？”张妈妈看向张笑颜，“那孩子那么优秀，怎么只获得了优秀奖呢？”

“我也是这么认为的，但是比赛已经结束了，事实摆在眼前，只能勉强接受了。”说罢，她露出了为难的神情，“所以，现在不是送蛋挞的时候，万一我一敲门，可欣姐正在哭，那多尴尬……”

只听张妈妈叹了口气，说：“可欣向来要强，临走时还和我说一定会获得一个好成绩，想必现在一定很自责……”想到这儿，她站起来就往外走，边走边说：“不行，我得去看一看，万一可欣想不通就糟糕了。”

与此同时，李可欣正一个人蜷缩在沙发上用纸巾擦着眼泪，听见有人敲门，她急忙吸了吸鼻子，把纸巾扔到了垃圾桶里，见来者是张妈妈，她挤出了一丝笑容：“阿姨，您怎么来了？”

“笑颜说你回来了，我就过来看看你。”张妈妈边说边拎了拎手上的袋子，“顺便请你尝一尝我做的蛋挞。”

“阿姨，您真是太客气了！”李可欣把张妈妈带到了沙发前，递上了一杯凉白开，“这一次我回来，我发现笑颜变了不少，变得有礼貌了、懂事了。”

“人都是一天天在成长，总会长大的。”张妈妈放下杯子，看着李可欣，这才注意到她的眼睛红红的，似乎是哭了一场。见况，她试探性地问道：“怎么了？谁欺负你了？”

“没、没什么。”李可欣硬生生地把想要流出来的眼泪憋了回去，“只不过是比赛的结果不尽如人意，一点儿小事而已……”

“一点儿小事，也值得你掉眼泪？”张妈妈口吻温和，语速也慢吞吞的，“比赛的输赢不是你一个人能够定夺的，无论结果如何，只要尽心尽力了就好，千万不要太自责。其实，你已经很优秀了。”

“可是……可是我才获得了优秀奖，我怕朋友们知道了笑话我……”李可欣说出实情的同时，眼泪也噼里啪啦地掉了下来。

张妈妈递过纸巾，春风化雨般地道：“优秀奖也可以证明你的实力，也是对一个人的肯定啊！”她笑了笑，继续说道：“傻孩子，你看看那些奥运健儿，他们十年如一日地训练，就是为了获得那块金牌，可金牌是唯一的，难道，你能够因为运动员们没有拿到金牌，而否认他们的实力和努力吗？再说了，这一次没有取得满意的成绩，咱们吸取教训，再接再厉，以后有的是机会。”

张妈妈的一番话入情入理，如一股暖风吹进了李可欣的心里……分别前，李可欣对着张妈妈道：“阿姨，谢谢您，您说得对，比赛有输就有赢，结果并不能靠我自己定夺，就算偶尔失败了也没有关系，只要拼尽全力，不留遗憾就是好样的。”

“没错，你既然明白了这个道理，就不要再因为过去的事情而自责了。”说着，她指了指放在茶几上的蛋挞，“快吃，过一会儿就不好吃了。”

“好，谢谢阿姨。”李可欣莞尔一笑，这一刻，她解开了心中的结，又变得元气满满了。

枪打出头鸟，除非你会隐身术

李绍晖在超市举办的抽奖活动中抽到了二等奖——一辆自行车。

李绍晖是张笑颜的同桌兼好友，平日在学校里没少受张笑颜的“欺负”，但他性格大大咧咧，向来不拘小节。所以，每当张笑颜耍性子时，他都会一笑了之。还有，他做事情总是有些无厘头，让人捉摸不透。

自从大喜从天而降，他恨不得一天二十四个小时都骑着那辆自行车。每当遇到熟悉的人，他都会故作潇洒地刹住车，扬扬得意地抬起头，对着对方炫耀一番他的车技。总而言之，他恨不得让全世界都知道他凭借自己的幸运得到了一辆自行车。

这天下午，闲来无事的张笑颜到小区门口散步，正好迎面碰上了李绍晖。李绍晖一个熟练的刹车，两脚蹬地，冲着张笑颜打了声招呼："真巧！你要去哪里？我载你。"

"就这车？"张笑颜瞅了瞅自行车后座上的小座位，裹紧了外套，"还是算了吧，我怕摔。"

见况，李绍晖得意地挑起眉头，神秘兮兮地问道："你知道这辆车是怎么来的吗？"

"买的呗！"张笑颜不以为意地抬起眼，"还能是大风吹过来的？"

"你还真猜对了，这辆自行车的确是大风吹过来的，是我自己'赢'来的！"一提到这一茬，李绍晖的鼻子好像翘得更高了。

"'赢'来的？"张笑颜搓了搓冻僵的手，啧了一声，"什么意思？"

"是我抽奖抽来的！怎么样？我的运气不错吧！"说着，他哈哈哈地笑出了声，看上去有些忘乎所以。

"所以呢？"张笑颜等待着李绍晖的下文。

"所以，我很幸运啊！"李绍晖得意扬扬地道，"我敢说，我是这一片最幸运的人！因为除了我之外，没有人再抽到这辆自行车了。"

听到这儿，张笑颜终于明白了个几分，似乎是觉得李绍晖有点儿莫名其妙。她撇撇嘴，扭头就走。可是，李绍晖不依不饶，紧紧跟在她的身后，还喋喋不休地说着那天抽奖和中奖的心路历程。

“你有完没完！”张笑颜猛地停住，回头看向李绍晖，“不就是中了一辆自行车吗？至于从巷头说到巷尾吗？我小时候还中过一台冰箱呢！我都没炫耀过！”

“你是你，我是我，嘴长在我的身上，我高兴，我愿意说。”说着这话时，只见一个男生从他们的身边匆匆而过，见况，李绍晖大喊一声：“嘿！别走啊！要不要试一试我的自行车！我借你！”可是那男生只是摆摆手，头也不回地走了。

张笑颜觉得有点儿奇怪，便问道：“你们认识？”

“他是我邻居，从小玩到大。”李绍晖道。

“那他怎么不理你，不和你打招呼？”张笑颜又问。

“不知道。”李绍晖摇摇头，“自从我中了这辆自行车，他就对我爱答不理的，有的时候话还没说两句，他就借口有事先回家了，我也不知道我哪里得罪了他。可能，是他嫉妒我有自行车，而他没有。”

“依我看，事情并不是你想象的那样。”张笑颜道，“他啊，是烦你了，因为你逢人就炫耀你的自行车，久而久之，令人生厌。”

“怎么可能，我只是想把我的好心情分享给大家，怎么会招人烦呢？”李绍晖想不通。

“那好，从明天开始，我每天都在你的耳边得意地说‘我的英语得了满分’，你会怎么想？”张笑颜问道。

“你？得满分？别闹了！”李绍晖摆摆手，傻笑了一声，“不可能！”

“我只是举个例子，打个比方。”张笑颜皱起眉头，“真是不懂变通……”

“好好好，我想一想。”说完这话，李绍晖还真就把手放在下巴上想了想，“我肯定会觉得你是在炫耀，不就是考了英语满分吗？有什么了不起？”

“没错，这就是我现在的心理状态。”张笑颜打了个响指，“你逢人就说你的自行车，你有没有顾及对方的想法？不管对方是羡慕还是嫉妒，你这样做都会招人烦，因为这本来就是你自己的事，你没有必要把自己的想法强加在别人的身上。”

“你的意思是说，我太张扬了？”李绍晖总算是明白了张笑颜想要表达的含义。

“没错！做人不能太张扬，要学会低调行事，台湾女作家刘继荣的女儿曾经说过一句话，我不想成为领跑人，我只想成为坐在路边给别人鼓掌的人。”张笑颜静静地看着李绍晖，说，“你知道这句话最深层面的意思吗？”

“不知道。”李绍晖竖起耳朵，等待着张笑颜的下文。

张笑颜也没有卖关子，清了清喉咙道：“有一句俗语说得好——枪打出头鸟！如果一个人太出众，就容易招人嫉妒，惹是生非。所以，即使你满身才华，也不要过于高调，只有做一个平凡人，才能稳步向前。”

话听到这儿，李绍晖反思了一下自己的所作所为。张笑颜说得没错，这段日子以来，他的确是太过张扬了。为了让所有人知道自己获得了一辆自行车，他每天都骑着这辆自行车从巷头到巷尾，逢人就炫耀。不知不觉间，人们已经对他的行为产生了意见，甚至感到了厌恶。

想到这儿，李绍晖惭愧地低下了头：“我总是大大咧咧的，急于表达内心的喜悦，却没有顾及别人的想法，”说着，他叹了口气，“我不应该这么炫耀。”

别把流言蜚语放在心上，问心无愧就好了

林湘巧难得休息一天，便约了张笑颜到磁器口逛街。张笑颜觉得两个人逛街太无聊，于是又约了同班同学欧阳灿美。这日上午十点钟，三个小伙伴准时在街口汇合。

磁器口拥有“一江两溪三山四街”的特殊地貌，明清风格的建筑沿街林立，顺着石板路往巷子里走，别有一番古香古色的气息。在这里，经常可以看到少女们穿着古代的服饰走来走去，非常应景。

欧阳灿美就是一个古装爱好者，光汉服就有十几套，平日里逛街总是汉服不离身。本以为这一次她也会穿一身华丽的古装，可是，让张笑颜和林湘巧没有想到的是，欧阳灿美只穿了一件普普通通的大棉袄，配了一双雪地靴，和平时爱古装打扮的她判若两人。

“你今天怎么不穿你的古装了？”刚一见面，藏不住话的张笑颜就急忙问道。

“不想穿。”欧阳灿美是中法混血儿，说话的声音总是小小的，还带着一点儿娃娃音，配上巴掌大的娃娃脸和娇小的身材，看起来像是一个可爱的小学生。

相比于张笑颜只关注欧阳灿美的服饰，细心的林湘巧更加关注的是她的精神状态。要知道，欧阳灿美是一个爱笑的女孩子，平日里总是笑嘻嘻的，尤其是她大大的杏仁眼，笑起来弯弯的，像是月牙一样，十分讨喜。然而今天，不但她脸上没有笑意，连嘴角都是向下的。

见况，林湘巧急忙把张笑颜拉到一边：“嘿！你没发现欧

阳灿美今天不对劲儿吗？”

“话是少了点儿。”张笑颜用余光看向欧阳灿美，却发现她在不经意间擦了擦眼泪，“她哭了，我还是第一次看到她哭……”

一半是出于好奇，一半是出于好意，张笑颜快步走上前去，拉住了欧阳灿美的手晃了晃：“怎么了？看你的样子……好像不太开心。”

“没什么，”欧阳灿美勉为其难地露出了一丝苦笑，“是我自己的事情，和你们没有关系。”

“谁说没有关系了？好朋友就是要有福同享，有难同当，你的事就是我们的事，你不开心我们也不开心。”说着，张笑颜看向欧阳灿美垂下的眸子，“难不成，是遇到了什么难处？”

“算是吧……”这一次，欧阳灿美没有继续隐瞒，只见她咬了咬唇，深吸了一口气，“前段时间我和家人搬到了隔壁小区居住，我的邻居是和我一样大的女孩子，我想在新的环境里结识新的朋友，于是就总是有意无意地接近她，可是……可是……”说到这儿，欧阳灿美又沉默了。

“难道她不想和你做朋友？”张笑颜眉头皱成了一个“川”，“怎么可能，你那么可爱！”

欧阳灿美接着道：“她没有说要和我做朋友，也没有说不和我做朋友，她对我不温不火的。我以为她比较慢热，结果昨天晚上，我听小区里另一个小女孩说，我的邻居到处说我的坏话，她说我接近她是不安好心，还说我说话的声音是装出来的，很做作……”

“这个世界上怎么会有这么可恶的人！”张笑颜气不打一处来，“你住在哪里？我明天就去找她问个清楚！不！我们一会儿一起去！”

“别冲动！”向来理智的林湘巧急忙劝慰道，“在事情没有水落石出之前，人很容易因为冲动做傻事。就算是欧阳灿美的邻居真的说了她的坏话，在背后嚼舌根，以恶制恶也不是最好的办法，事情反而会变得更加糟糕。”

“没错，我虽然心里不太好受，但是我不赞成在这时候找她正面对峙。”欧阳灿美喃喃道，“而且，我一直在回想，是不是我哪些地方做得不够好，引起她的误会？是不是我太过于热情，吓到她了……”说到这儿，她冲着张笑颜和林湘巧笑了笑：“你们知道的，我这个人做起事来总是风风火火的，有的时候的确容易让人误会。”

“不管是不是你做了什么让她误会的事情，她在背后说你的坏话，就是她不对。”林湘巧道，“你不能用他人的错误惩罚自己，更不要把那些流言蜚语放在心上。你只要问心无愧，做你自己就好了。”

“对，做你自己。”张笑颜应和道，“她越是诽谤你，你就越要证明给她看，你不是她口中的那一种人！群众的眼睛是雪亮的，他们不会因为一个人对你恶意的贬低而否定你，相反，她的行为更加令人反感。”

“所以，你们的意思是……这件事就此了结，就当作没有发生过一样？”欧阳灿美问道。

“也不能完全这么说。”林湘巧想了想，“出现了问题，还是要找一个适当的机会，你尝试着友好地和对方沟通，避免对你造成更大的影响。但你一定要记住，千万不能够和对方起冲突，态度一定要诚恳，如果真的是对方误会了你，就把问题说清楚。如果是你的行为引起了对方的不满，那就加以改正。人心都是肉长的，没有什么是沟通解决不了的问题。”

刚刚还火急火燎想要找对方“问个明白”的张笑颜，这一刻又像是小绵羊一样乖乖地点点头：“对对对，我觉得林湘巧说得有道理，你就照林湘巧的话来做，准没错！”

“那……好吧，我会找个时间和她沟通一下的，只是……”欧阳灿美顿了顿，“我担心她会借题发挥，会更加编派我的不是……”

“如果她无理取闹，那你就从此和她保持一个适当的距离，减少给她说瞎话的机会，让她无刺可挑。”林湘巧一字一顿，“还是那句话，真真实实地做你自己，只要问心无愧，就不怕她胡说八道。”

在小伙伴的劝说下，欧阳灿美的心情也渐渐明朗了起来。“谢谢你们。”她莞尔一笑，又露出了那对精致的梨涡，“我知道我该怎么做了！”

“谢什么，大家都是好朋友！”张笑颜拍了拍欧阳灿美的肩，“走，我知道前面有一家茶馆很不错，那里的凉粉和红糖醪糟汤圆特别好吃，还能看歌舞和川剧变脸呢！”

“那我们走吧！”林湘巧拉住了欧阳灿美的手，“我刚好肚子饿了，想吃东西呢！”

艳阳下，三个女生手拉手，缓步朝着巷子的深处走去，她们有说有笑，好像所有的不愉快都没有发生过一样，或许，这就是青春……

有的时候，你只是缺少一点点激励

张笑颜口中所说的这家茶馆位于巷子的最深处，从茶馆的二楼向外看，嘉陵江尽收眼底。不到一盏茶的工夫，两份冰粉和一份红糖醪糟汤圆就上齐了，可就在她们准备大快朵颐之时，不可思议的一幕发生了……

就在距离她们不到五米的地方，一名店员一不小心打翻了餐盘，导致餐盘上的一碗冰粉摔落在地，只听嘭的一声，陶瓷碗四分五裂，其中一个碎片不偏不斜地滑到了林湘巧的脚底下。

林湘巧俯下身子，小心翼翼地捡起了碎片，丢到了垃圾桶里。与此同时，茶馆的老板闻声而来，见店员正俯着身子手忙脚乱地收拾一地的残局，他呵斥了一声："怎么又是你！真是成事不足败事有余！"

"老板，对不起，我不是故意的。"店员急忙站起身，语无伦次地道，"刚刚……刚刚这里有一把椅子，我想把它搬到一边，结果我……我……"

"每次你都有一大堆的理由！"老板叉着腰，气不打一处来，"前几天，你因为上错了菜得罪了两桌客人；昨天你又因为迟到，害得整个茶馆忙不过来；今天你又打翻了餐盘，吓到了客人！"说到这儿，老板大手一挥，让他另谋高就！

就这样，店员因为小小的失误丢了工作，脱下工作服垂头丧气地走出了茶馆，三个女生你瞅瞅我，我瞅瞅你，不知道说些什么缓解尴尬的气氛，好在这时，川剧变脸节目开始了！

在客人们震耳欲聋的掌声下，变脸演员手握着扇子，踩着《变脸》的音乐节奏，蹭蹭蹭地迈着小碎步走了上来。只见他一挥扇子，黄底红边的脸即刻就变成了鲜红色略显狰狞的面孔，随之他袖子一挥，一个转身，红脸又变成了黑脸，观众拍手叫好。

"真是太神奇了，尽管我看了很多次，但是还是没有发现其中的秘密。"张笑颜禁不住道。

“那当然了，川剧变脸可是国粹，当然没有那么简单了！”说着，林湘巧拍了拍手掌，坐直了身子。

相比之下，欧阳灿美就没有那么专注，此时此刻，她的注意力全部都在刚刚离开茶馆的店员身上，只见那位店员就坐在距离茶馆大门口不远处的台阶上，不知道是不是因为失落，他坐在那里已经十分钟没有起身了。

欧阳灿美是一个热心肠，见况，她留下一句“我出去一下”，就轻手轻脚地走出了茶馆，她见店员没有注意到身后有人，便清了清喉咙小声地打了声招呼：“嘿！你没事吧？”

“你是……”店员回过头，上下打量了欧阳灿美一番，“你是茶馆的客人？”

“对，你打翻餐盘的时候，我就坐在附近，”说着，她看向店员的手，“看你闷闷不乐的样子，你该不会是在打扫碎片的时候受伤了吧？”

“没有。”店员拘谨地把手揣进了口袋，“老板把我开除了，如果换作是你，你也高兴不起来。”

“这有什么？大不了再换一个新的环境，继续工作。”欧阳灿美宽慰道，“事情已经发生了，闷闷不乐也解决不了问题，不是吗？”

“你不知道，这是我这个月换的第三份工作了。”店员抿抿嘴，犹豫着说出口，“我总是粗心大意，做什么都做不好，不是摔碎了盘子，就是打翻了酒盅，要不就是不小心撞到了客人……我总是毛手毛脚的，就算是找到了新工作，也一样会被辞退的。”

“那你为什么不尝试着改正自己毛手毛脚的习惯呢？”欧阳灿美心直口快，滔滔不绝地道，“我反倒觉得，毛手毛脚、粗心大意并不是一件不能克服的难事，只要认真一点儿、仔细一点儿，在做事的时候专心一点儿，就会得到很大的改善。”

“上嘴皮子碰下嘴皮子——说得轻松……”店员嘀咕道，“这是我二十多年的习惯，怎么可能说改就改？我可不相信。”

“是，坏的习惯虽然不能说改就改，但是只要你肯相信自己，并坚持努力地去改正，就一定会朝着好的方向发展。”欧阳灿美苦口婆心，“除非……你不想改，懒得改，那就当我白说！”

“你！”似乎是意识到自己不应该和小孩子斗嘴，只见店员顿了顿，话锋一转，“没错，你就当作是‘对牛弹琴’吧！”

“拜托，哪有自己把自己比喻成‘牛’的？牛吃草，你吃草吗？”欧阳灿美觉得又可气又可笑，“依我看，你现在有点儿自暴自弃的倾向，一点儿都不像二十多岁的样子，倒像是一个十几岁的小孩子。”

听到这儿，店员再次抬起头来，瞅了瞅眼前这个个子不高，但是满口都是大道理的欧阳灿美：“小朋友，你才是小孩子呢，你知道大人的世界有多难吗？”

“我虽然还是个学生，还没有长大成人，但是最起码的道理我明白，那就是遇见事情千万不能消极，而是要积极乐观地去对待，并学会自我激励。”说着，欧阳灿美歪了歪头，“小孩子都懂的道理，你为什么不明白？”

“自我激励，有用吗？”店员禁不住问道，“那难道不是自己骗自己吗？”

“才不是自己骗自己呢！自我激励是一种自我暗示，同样的一件事情，如果你告诉自己你能行，那么就一定能行！如果你告诉自己你不行，那就一定不行。同样的道理，如果你告诉自己你能够改正毛手毛脚的坏习惯，就一定可以改正；如果你告诉自己你不能够改正毛手毛脚的坏习惯，就一定改不了。”说了这么多，欧阳灿美才喘了口气，“你听明白了吗？我可不想白费口舌。”

不知是不是觉得欧阳灿美的话有几分道理，这一次，店员没有继续狡辩，而是仔细想了想，说：“我觉得你说的话也并不是全错，有那么点儿意思。”

“什么叫‘并不是全错’，我说的话本来就有道理，只是你不肯接受罢了。”说完这句，欧阳灿美拍了拍手，“好了，不和你说了，我的好朋友还在茶馆里等着我呢，我也要回去欣赏节目了！”说着，她就转过了身子准备离开。

可谁知，店员又把她叫了回来：“喂！你刚刚说了那么多，究竟想要表达什么？”

“连我在说什么你都不知道？”欧阳灿美眨了眨眼，“看来我真的是白费口舌了。”

“我……”店员摸着脑袋嘿嘿一笑，“抱歉，起初的时候，我看你是个小孩子，并没有认真听你说话，但是现在，我又觉得你说的有道理……”

只听欧阳灿美道：“我想要表达的是，遇见事情不要自暴自弃，而是要学会自我激励！这下子，你听清楚了吗？”说完，她撇了撇嘴。

“听清楚了。”店员点点头，“谢谢你。”

“不客气。”说完，欧阳灿美回到了茶馆里，此时此刻，精彩的川剧变脸还在继续，她也终于能够放下心来，认真地看节目了！

越自律的人越自由，这句话真没错

累了一天，回到家中的张笑颜将外套一脱，倒在了床上，再也不肯起身了。见况，张妈妈是一个头两个大，她将张笑颜扔在地上的外套挂在了衣架上，耐着性子道：“张笑颜，你什么时候才能有点儿女生的样子！”

“我怎么了？”张笑颜抬起脸，一脸的茫然，“我回家到现在，可是一句话都没有说……”说到这儿，她啧了一声，接着道：“是不是那个‘大嘴巴’高乐乐又趁着我不在家，向您打我的小报告了！”说着，她一个鲤鱼打挺坐起身准备去找高乐乐算账。

一听这话，张妈妈猛地将门关上了。“别胡说八道！乐乐在家里写了一天的作业，什么话都没和我说。”她看向满地的杂物，接着说道，“你看看你的房间，东西乱丢！昨天吃的食物还在桌子上，脏衣服也不知道丢到洗衣机里……”

“书桌乱糟糟的，衣柜里也乱糟糟的，床上也乱糟糟的，总而言之，我的房间整体就三个字——乱糟糟！”张笑颜接过话，抬起头，“妈，您是想要说这些吧？”

“既然你知道我想要说什么，房间里怎么还乱糟糟的？”张妈妈边说边走到窗边，“你养的仙人掌多久没有浇水了？再不浇水它就死掉了。还有，你的寒假作业做了几页？今天乐乐可是一口气写了十几页作业。”

“别总拿我和高乐乐比，我和他不一样！”张笑颜眉头一皱，强忍着心中的不快，“妈，我从小到大都这样，改不了了。”

“就是因为你不自律，所以改不了。”张妈妈道，“如果你自律一点儿，改掉这些坏习惯就是分分钟的事儿！”

“自律，那岂不是生活刻板，没有了自由？”张笑颜摇摇头，“算了吧，我还是喜欢自由自在地生活，如果让我活在条条框框里，我会疯掉的！”

“傻孩子，谁说自律就等于没有自由？”张妈妈苦口婆心，“相反，越自律的人，越自由。”

“妈！我又不是三岁小孩，您就不要骗我了。”张笑颜不满地撇撇嘴。

“我没有骗你。”说着，张妈妈决定换一种思路来说，“笑颜，你知道你为什么上学总是迟到吗？”

“知道，睡过了头。”张笑颜若无其事地回答。

“为什么会睡过头呢？”张妈妈又问。

“因为玩手机、玩游戏。”张笑颜毫不避讳，“妈，这些您不是都知道吗？”

可张妈妈没有理会张笑颜的疑问，而是自顾自地接着问道：“每当你因为晚睡而迟到，慌张地跑向学校的时候，你的心情是怎样的？”

“当然是火急火燎的，祈祷着自己不要迟到。”张笑颜一五一十地道，“可是，大多时候，紧赶慢赶，最后还是迟到了。”

张妈妈没头没尾地说了一句：“这种生活习惯，就是你所谓的自由？”

“哈？”张笑颜一愣，“妈，您说什么呢？我真的是越来越迷糊了……”

见况，张妈妈解释道：“什么是自由？真正的自由并不是你想做什么就做什么，而是指能够如鱼得水地控制自己的生活，能够有原则、有条理地度过每一天。就拿上学迟到这件事情来说，因为不自律，作息时间不规律，所以经常迟到，原本可以轻轻松松吃早餐的时间，却不得已全部用在了弥补你的过错上。请问，这种被时间追着跑的紧迫感，是你想要的自由吗？”见张笑颜抿着嘴不说话，张妈妈接着道：“真正自由的人，他们永远都不会被时间所追赶，因为他们知道在什么时候，什么事情应该做，什么事情不应该做。当心中有了一套明确的规则，他们就不会为了弥补过错而浪费时间，所以，他们可以随心所欲地做自己想做的事情，同时，也不会影响到自己的生活。”

听到这儿，刚刚还能言善辩的张笑颜一时之间没有了底气。

张妈妈说得没错，真正自由的人，绝对不是被时间追着跑的人，只有懂得自律，明确地知道自己应该在什么时间做什么事情，什么事情该做，什么事情不该做，才能避免生活中的慌张，才能有充分的时间和机会去做想做的事情。而对于那些不自律的人来说，他们的生活永远在为以前的错误买单，何谈自由？

似乎是担心说得太多，伤了母女俩的感情，张妈妈俯下身子，把张笑颜的脏衣服捡了起来：“以后啊，脱下的衣服就随手扔到洗衣机里，垃圾也要随手丢到垃圾桶里，该学习的时候学习，该休息的时候休息，这些行为看起来并不起眼，但是如果你自律一点儿，坚持把每件小事做到位，那么就会省下很多的时间和精力，这样一来，你岂不是可以有更多时间做你想做的任何事情，变得更加自由了？”

“我……”张笑颜慢吞吞地从被窝里爬了出来，转移了话题，“妈，我的脏衣服还是我自己丢吧。”

“没事，这次妈帮你丢，下次你自己丢。”说完这句话，张妈妈转身走出了房间。

与此同时，留在原地的张笑颜心里怎么都不是滋味。以前，她总是想做什么就做什么，想说什么就说什么，也因此吃了不少亏，但是她从不觉得这种自由自在的生活方式有什么不好。今天听妈妈这么一说，她还真就觉得自己的想法有点儿偏激，至少，她承认妈妈说的那句话是对的——被时间追着跑，一点儿都不自由。

想到这儿，她低头将地板上的一团废纸扔进了垃圾桶，又将书桌收拾得干干净净、整整齐齐。她忽然发觉，当书桌上的东西全部整理归位之后，她再也不用因为找东西而浪费时间了，忽然间，她明白了妈妈所说的“越自律的人，越自由”的真正含义。

不负初心，方得始终

人生总是苦乐参半，这句话在李可欣的身上得到了很好的体现。

还记得她前段时间，因为参加比赛只获得了优秀奖，而一个人躲在房间里哭的事情吗？后来，在张妈妈的开导和鼓励下，她重整旗鼓，当晚灵光一现，创造出了一个名为“霉霉”的漫画人物。

霉霉是一个十岁的小女孩，她长着一张包子脸、蒜头鼻子、蝌蚪一样大的小眼睛。由于又矮又胖，她走起路来屁股总是一扭一扭的，最为夸张的是她从来都没有好的运气，不是出门被飞来的石子砸到，就是不小心买到了过期的面包。但尽管如此“倒霉”，她依旧乐观开朗，热爱生活。

形象刚一设定好，李可欣就迫不及待地将五页画稿发到了出版方的邮箱。还没到五个工作日，出版方就回复了消息，称出版方很喜欢霉霉这个漫画形象，希望李可欣可以继续构思，多准备一些画稿，他们会着重向出版漫画绘本的方向考虑。

得知这个好消息后，李可欣第一时间就告诉了张笑颜，她说：“虽然不知道究竟有多大的机会可以出版漫画绘本，但是只要有机会，就有成功的可能。”

“所以，你现在不单单是一个插画师，还是一个漫画家了？”张笑颜控制不住脸上的喜悦，惊叹了一声，“可欣姐，你以后要是成了大名人，千万不要忘记我啊！”

“胡说些什么呢！”李可欣急忙捂住了张笑颜的小嘴巴，“八字还没一撇呢！再说了，就算是我真的有幸出版了属于自己的漫画绘本，也并不代表我是一个漫画家，我离成为一个真正的漫画家，还差很远的路呢！”

“别谦虚了，出版漫画绘本，就说明你已经具备了成为漫画家的潜力。”说着，张笑颜神秘兮兮地道，“可欣姐，上次你帮我画的那幅插画，我还保存在书柜里呢！改天我把它拿来，你帮我签上名，好不好？”

“你又在开玩笑！”李可欣故作生气地嘟起了嘴巴，“如果你再开玩笑，以后有好消息我就不告诉你了。”

“知道了，知道了。”张笑颜撇撇嘴，转移了话题，“可欣姐，那接下来你打算怎么办？”

“我打算闭关一周，拼尽全力构思、绘制画稿。”说着，李可欣顿了顿，“只不过，我平时的工作只是绘制一些插画，画稿与画稿的内容之间没有太多的连贯性，忽然让我绘制漫画绘本，我还有点儿无从下手。”

“这个简单！”张笑颜伸出一根手指头，出了个主意，“你可以先写出脚本，再绘制画稿，这样一来，条理就清晰了。”

“先写脚本？”李可欣想了想，“可是，这脚本……我也想不出那么多内容啊！”

“这个也简单！”张笑颜眉梢轻挑，一脸的得意，“你可以把你听到的、看到的、想到的，甚至是做梦做到的有意思的事情，构思成脚本，再绘制成画，再不成……”她拍了拍胸脯，“你还有我呢！”

在张笑颜的建议下，李可欣正式投入到了废寝忘食的工作状态中。起初的时候，她尝试着在书籍中寻找灵感，这虽然是一个不错的方法，但是她总觉得缺少一点儿自己的想象力。于是，她尝试着在生活中寻找灵感，她渐渐地发现，很多细小的事情都可以通过想象力改编成有趣的小故事……

三天后。

当张笑颜再次站在李可欣面前的时候，她发现李可欣竟然在这么短的时间内绘制了三十页画稿。“天啊！”她用手捂住了嘴巴，“可欣姐，难道你真的为了工作连觉都不睡了吗？你也太拼命了。”

“我睡得很好。”李可欣笑着道。“我不但睡得很好，而且就像是你说的，我在梦里找到了很多的灵感，就比如这个……”李可欣指向其中一幅画稿看着它说，“有一天，霉霉在家里楼下碰到了一只小花猫，她用身上仅余下的两块钱给小花猫买了一根香肠，结果被小花猫挠伤了腿。倒霉的霉霉来到医院接种狂犬疫苗，她很害怕，却为了给怕打针的小弟弟树立一个榜样，于是自告奋勇地排在了第一个，她的眼泪在眼眶中打转，却没有流下来，临走时还告诉小弟弟一点儿都不痛。后来，她在家门口又遇见了这只小花猫，她摸了摸口袋，口袋里只有两块钱，于是又给它买了一根香肠，这一次，小花猫没有再攻击她，而是对她放松了警惕，把她当作了主人，再后来，这只小花猫被霉霉带回家中收养了。”讲完这个故事，李可欣看向张笑颜：“这个小故事就是我在梦里梦到的，于是我一醒来，就把它画了出来。”

“霉霉真是一个有趣又可爱的女孩子。”张笑颜赞叹道，“她虽然很倒霉，总是会碰到麻烦，但是转瞬又能碰到好事。”

“这就是我想要塑造的角色，”李可欣道，“我想要通过这个角色传递一种正能量，虽然人生不如意事十有八九，但只要乐观、积极地面对生活，总会有好的运气，而且很多时候，会因祸得福哦！”

“可欣姐，你知道吗？你就是一个很有正能量的人呢！”张笑颜忽然道。

“我？”李可欣指了指自己的鼻子，“我怎么不觉得？”

“现在的你，不就在为了更好的未来而努力吗？为了未来努力拼搏的人，难道不是一个正能量满满的人吗？”说着，她靠近了李可欣的耳朵，“而且，我已经知道了你的梦想，你想要成为一个真正的漫画家，所以，你一定要努力啊！”

“啊？”李可欣一愣，“我、我会努力的！”

“不忘初心，方得始终。”张笑颜难得说了一句大道理，“可欣姐，我相信你一定可以成功的！”

没错，不忘初心，方得始终，只要有了目标，并朝着目标的方向奋勇前进。相信，一路披荆斩棘的你，一定会走向成功。

第三章
独立自主，学做自己的盖世英雄

人生不如意，烦恼每天都有一二三

这天晚上，也不知道怎么着了，高乐乐一回到家就把自己锁在了房间里，任凭张笑颜怎么喊他都不出门。最后，还是张妈妈亲自出马，连哄带劝地把他“请”了出来。

张笑颜黑着脸对坐在一旁闷闷不乐的高乐乐道：“喂！你到底是怎么了？一回来就这副样子，我妈都暗示了我好几次了，让我不要欺负你，可事实是我今天一整天都没有见到你的人影！”

“是我自己的原因，我心情不好，和你没关系。”高乐乐总算是说了一句话，“你放心，我会和姑妈解释的。”

“那你倒是说一说，你究竟是怎么了？”张笑颜挪了挪身子，靠近高乐乐，问道，“心情不好总应该有个理由吧！我可没有听说过，人会无缘无故地心情不好。难道是……你和你的好朋友吵架了？”

殊不知一提到他的好朋友，高乐乐就气鼓鼓地把双臂抱在了胸前，说：“别和我提他！这个不守时的家伙，竟然让我在美术馆门口足足等了一个半小时，等到他来了，不但没有和我道歉，还说我‘傻’！”

“他为什么说你‘傻’？”张笑颜想不明白。

“他说，我既然一个人先到了，就应该先去美术馆里看展览，不应该站在门口等他。”说罢，高乐乐看向张笑颜，“我们约好了一起去美术馆看雕刻展，难道我不应该站在门口等他吗？”

“你没做错，是他的错。”张笑颜想了想，“但如果换作是我，我最多等对方二十分钟，而他竟然迟到了一个半小时，也太过分了！”

“所以，最后我们不欢而散了。”高乐乐接着道。“后来，我一个人生着闷气，到商场里逛街，逛着逛着发现我的帽子不见了，然后，我又在台阶上摔了一跤。”说着，他拉起了自己的裤腿，“你看，我的膝盖都青了一大片。”

“你这也太不小心了，”张笑颜禁不住道，“多大人了，还摔跤……”

“与其说是不小心，不如说是真倒霉！”高乐乐叹了一口气，“你知道吗？更倒霉的事情还在后面呢！我丢了帽子，天又刚好下起了雪，冻得我耳朵快要掉了。没办法，我只能选择坐车回家。可是，我竟然走错了路，坐错了车，司机把我拉到了一个我完全不认识的地方！还好我遇到了一位好心人，他告诉我怎么坐车回去，我这才平安到家了。”

听到这儿，张笑颜忽然觉得高乐乐没有夸大其词，他今天的确是有够倒霉，现在并不是幸灾乐祸的时候。她只好尴尬地一笑，试图安抚高乐乐的情绪：“好在今天马上就要过去了，也不会再有不好的事情发生了。”

“谁说的？”高乐乐抬起了自己的手，“刚刚在房间里，我的手还被衣柜的门夹了一下。”

“怪不得我听到了咚的一声，”张笑颜回忆着道，“好像还有什么东西摔碎的声音，从你的房间里传了出来……”

“我当时一下子抽出了手，结果不小心碰到了台灯，把台灯碰倒了，”高乐乐顿了顿，“不过还好，没有摔坏。”

“啊，那就好。”张笑颜已经不知道如何安慰倒霉的高乐乐了，最后，她干脆话锋一转，笑了笑，“不如意事每天都有，你今天虽然倒霉了一点儿，但都是一些稀松平常的小事，只是不巧，刚好赶到了一天。”

“我从来都没有这么不顺过。”高乐乐道，“今天是我有史以来最难熬的一天。”

“这就‘最难熬’了？”张笑颜不以为然，“你啊，和我的惨痛经历相比，就小巫见大巫了……”

“怎么？难道你还有比我更加倒霉的时候？”高乐乐瞬间来了兴致。

“当然了，比你倒霉一万倍！”张笑颜一本正经的样子不像是在开玩笑，“有一次，我因为快要迟到了，所以匆匆忙忙地跑出了家门，到了学校才发现，我竟然一只脚穿着运动鞋，一只脚穿着帆布鞋，当时别提多丢人了！”

“真的假的，你该不会是在编故事吧？”高乐乐难以置信地睁大了眼睛。

“真的，不相信的话，你可以问林湘巧！”张笑颜道，“可穿错了鞋仅仅只是一个开始。更加倒霉的是，那天在食堂里，有一位同学不小心把汤洒在了我的身上，整整一个下午，我的校服上都是西红柿鸡蛋汤的味道，别提多难闻了！”

听到这儿，高乐乐幸灾乐祸地笑出了声：“然后呢？然后呢？”

“后来，这两件事情被很多同学当作校园趣事写到了作文里，还有一个同学因此而获得了作文的一等奖。更让我没有想到的是，这篇作文在广播室里被读了出来，作文的开头是，‘我有一个同学，名字叫张笑颜……’”说到这儿，张笑颜气不打一处来，“那天本来已经够倒霉的了，结果全校同学都知道了我的囧事，我别提有多郁闷了。”

“和我的那些小事相比，你的经历的确更加倒霉。”高乐乐想了想道，“这样一对比，我的心情也好多了。”

张笑颜道：“我和你说这些，可不是为了让你幸灾乐祸的，而是想要告诉你，谁都有不顺的时候，你有，我也有，每一个人都有。所以，不必因为那些小事而伤脑筋，更不要不开心，如果每遇到一点儿不如意就大动肝火，那岂不是每一天都不快乐？”

“你说得好像有点儿道理。”高乐乐点点头，“现在想一想，好朋友因为睡过头而迟到，我因为不小心而丢了帽子，在楼梯上因为脚滑摔了一跤，又因为粗心大意坐错了车，回到家后被衣柜夹了手……这些事情的确都是不值一提的小事，我不应该揪着这些小事不放。”

“这样想就对了。”张笑颜点了点头，“高兴也是一天，不高兴也是一天，既然烦心事甩都甩不掉，那就坦然面对，笑对烦恼，这样一来，无论发生任何事情都不会影响你的好心情了。”

猛地，高乐乐抬起头来，看向张笑颜，“表姐，你今天怎么变得……不一样了？”

“啊？”张笑颜低头看了看新买的家居服，“我换了一套新衣服。”

“不是，我是说你的性格变得不一样了。”高乐乐道，“你从来都不会和我心平气和地说这么多话，要不就是对我爱答不理，要不就是话不投机半句多，说两句就不耐烦地走掉了。”

“那、那是因为你最近表现得不错，没有惹我生气！”张笑颜急忙道，“而且……而且我怕我妈误会，以为我欺负你呢！”

“原来是这样，”高乐乐撇撇嘴，“我还以为你长大了呢。”

“你才是个小屁孩呢，我都已经是初中生了，早就长大了。”张笑颜站起了身子，“好了，懒得和你废话，我还是回房间看电视剧吧！”

看着张笑颜离开的背影，高乐乐的嘴角在不知不觉中挂上了一抹笑意。他心想，这个张笑颜平时一副蛮不讲理的样子，但其实，也是一个温暖的大姐姐呢！

亲，安全感是自己给自己的哦！

还记得那个因为被冤枉成小偷，从此与快乐绝缘的张硕吗？这天，张笑颜在楼梯口又和他打了个照面，只不过这一次，张硕没有落荒而逃，而是对着张笑颜打了声招呼：“你好。”

“好几天不见了。”张笑颜应和道，与此同时，她也注意到了张硕想要隐藏的失落感，“你怎么了，还在为了上次的事情而伤脑筋吗？”

“我也不知道……”张硕点了点头，又摇了摇头，“上一次你们和我说了很多大道理，我回到家里也反思了很多，可是不知道为什么，我虽很想要将这件事情抛在脑后，但总也做不到，我发现，我已经有了心理阴影，一听到‘小偷’这两个字，我就止不住地发抖，我好像没有了安全感，总是觉得有人在背后议论我、指责我……”

“看来，事情比我想象得还要严重，”张笑颜顿了顿，“你要放宽心，学会自己给自己安全感，自己给自己安慰，而不是胡思乱想，疑神疑鬼。”

“道理我都懂，但是我做不到。”张硕低下头，叹了一口气。“真是抱歉，我总是忍不住地抱怨……”说着这话，他转过身子，“我自己的问题还是自己解决吧，就不给你们添麻烦了。”说罢，他头也不回地走掉了。

张笑颜来到李可欣的家里，坐在桌子前，慢慢品尝着李可欣榨的果汁，一言不发。见况，李可欣摸了摸张笑颜的脑门，自言自语了一句，“没发烧啊……”

“可欣姐，你这是干什么？”张笑颜缓过神来，苦笑了一声，“平白无故的，我怎么会生病呢？”

“可是，平时的你都是叽叽喳喳的，总有着说不完的话，现在的你安静得有些反常……”李可欣顿了顿，“难道，你又和你的表弟吵架了？”

“没有。”张笑颜不知道当讲还是不当讲，“可欣姐，你还记得我以前和你提起过的那个男孩吗？他很奇怪，总是坐在楼梯上。”

“记得，”李可欣点点头，“前几天我还见过他一面，只不过他匆匆逃走了，我没有机会和他说话。”

“我刚刚又见到他了，”张笑颜实话实说，“他的状态并不是很好，看起来有些抑郁，他说他没有安全感，总是觉得有人在背后议论他、指责他。但是我知道，这一切只不过是他在胡思乱想。”

“听起来他的精神压力非常大。”李可欣跟着皱起了眉头，“这样下去，恐怕他会出现心理疾病。”

“所以，我现在有点儿担心他。”说着，张笑颜垂下了眼帘，“而且，我不知道我应该如何帮助他。”

事已至此，李可欣已经没有心思构思画稿了，她站起来走了走，又坐在了椅子上想了想，这才缓缓开口：“我以前也是一个没有安全感的人，但是我和他的状况不一样，我不知道我的建议能不能帮助到他。”

“那你快说。”张笑颜坐直了身子，等待着李可欣的下文。

李可欣道：“我刚离开小县城来到这座大城市上大学的时候，也因为不习惯而抑郁了一段时间。当时，我总是觉得所有的人都不喜欢我，看不起我，甚至有了辍学回家种地的冲动。当时，我的妈妈在电话里和我谈心，让我勇敢一点儿、自信一点儿、独立一点儿。”

“勇敢一点儿、自信一点儿、独立一点儿。”张笑颜重复道，“然后呢？”

“然后我尝试着按照我妈妈教我的来做。我鼓起勇气和我的室友沟通，我发现她们都很热情地回应我，根本不会因为我是小地方来的而排挤我，我们很快就成为很好的朋友了。后来，在室友们的鼓励下，我积极地参与了社团活动，尝试着让我的课余生活丰富一些，渐渐地我发现我热爱上了大学的生活，喜欢上了这座城市。”

“这就是你毕业后留在这里工作的原因？”张笑颜恍然大悟，“怪不得我没有见过你的家人，原来，只有你一个人住在这个城市。”

“没错，我喜欢这座城市，所以选择毕业后留在了这里。可是，踏入社会和在校园生活完全是两回事，我面临的是生活和就业的双重压力，最累的时候，我一天要打三份工。好在我的妈妈一直在电话中鼓励我，让我更加勇敢、自信、独立地面对生活。后来，一次偶然的机会下，我认识了一个杂志编辑，这才有机会成为一名插画师。”说到这儿，李可欣爽朗地一笑，“所以，我认为想要获得安全感，就必须要做到六个字——勇敢、自信、独立，安全感是自己给自己的，只有让自己的内心强大，勇敢地面对难题，才能彻底战胜心中那个懦弱的自己。”

没错，安全感是自己给自己的，只有内心强大，才能从心底克服自己的懦弱。

后来，张笑颜把这句话传达给了张硕，她说：“你没有必要胡思乱想，疑神疑鬼，你要学会勇敢一点儿、自信一点儿、独立一点儿。不要总是沉浸在过去不愉快的经历当中，你要学会自己安慰自己，自己照顾自己的情绪，独立面对一切难题，只有这样，才能走出心中的阴霾，克服心中的恐惧。”

“可是，怎么变得勇敢、自信和独立呢？”张硕问道。

“简单！”张笑颜打了个响指，“从今天开始，做你喜欢的事情，说你想说的话，真真实实地做自己，因为，你原本就是一个勇敢、自信、独立的人啊！”

“就这么简单？”张硕半信半疑，“做我自己就好了？”

“没错。”张笑颜点点头，“不要依赖任何人，我相信你，一定可以找回以前的自己！”

每一次选择，都是通往成功的机会

高乐乐是一个小说迷，尤其喜欢武侠小说，每逢假期，他都会跑到图书馆借几本武侠小说来看。这不，当他听说邻居李可欣和网络武侠小说作家白羽侠是好朋友，就吵着闹着要见白羽侠一面。

这可难为了张笑颜，这天下午，她拎着一袋子苹果来到了李可欣的家，吞吞吐吐地道：“可欣姐，这、这是我妈妈买的苹果，可甜了。”

“然后呢？”李可欣歪了歪头，“你专程来找我，应该不只是为了送苹果吧？”

“真是知我者，非可欣姐莫属。”张笑颜面有难色地一笑，“其实，这一次找你，是为了我那个讨厌的表弟。他是一个武侠小说迷，听说你认识白羽侠后，他天天缠着我，说想要白羽侠的签名，还说……”

“还说什么？”李可欣问道。

“还说想要和他见一面……”说这话的时候，张笑颜只觉得自己的脸在发烫。“哎呀！其实我也知道是我的表弟在异想天开，大名鼎鼎的小说家白羽侠怎么可能见他这么一个小屁孩呢！只不过我的表弟还说了，只要我实现他的心愿，他以后就不在我的家人面前告状了，所以我……”她唉了一声，“所以我还是找你问问看。”

“巧了，我约了白羽侠这周六在咖啡馆见面，”李可欣道，“他想让我帮他的新作画几幅插图。如果你们愿意，我可以带你们一起去。”

突如其来的惊喜让张笑颜呆若木鸡：“啊？真的假的？”

“这事还能有假？”说着，李可欣拿出了自己的手机，打开了通话记录，“你看，我们刚刚才通过电话，定下了见面的时间。”

“那……我们忽然跟过去，不会很突兀吗？”

“没事，”李可欣嫣然一笑，“你是我的好朋友，我当然要帮助你的表弟实现他的愿望啦！”

周六下午，咖啡馆里。只见高乐乐坐立不安地望着窗外，一个劲儿地吞着口水，见况，张笑颜不满地翻了一个白眼：“喂！至于紧张成这样吗？”

“当、当然了，”高乐乐道，“你不知道，我的梦想就是当一名武侠小说作家，我能够有幸和武侠小说作家见面，这是多么难得的一件事情……”高乐乐的话音刚落，就见白羽侠大步流星地走了过来。

“你就是那个喜欢看武侠小说的小弟弟？”白羽侠个子很高，梳着背头，说起话来温声细语。“你比我想象的年纪还要小！”说着，他坐到了张笑颜的身边，“我像你这么大的时候，还没有接触武侠小说呢。”

“你、你就是白羽侠？”见白羽侠笑着点了点头，高乐乐又咽下了因为紧张而分泌的口水，“我、我是你的粉丝！我从小就爱看武侠小说，在我还不识字的时候，我会让我的妈妈给我读武侠小说，我的梦想就是当一位武侠小说作家。”他说起话来有些语无伦次，可以看得出来，他真的很激动。

提到武侠小说，白羽侠打开了话匣子：“我和你一样，我的第一个梦想，就是想要成为一名武侠小说作家。”

“那？请问你是如何实现你的梦想的呢？”高乐乐禁不住问道。

白羽侠毫不犹豫地回答道：“我在选择面前，做出了正确的选择。”

这句话像是绕口令，听得高乐乐云里雾里。随之，高乐乐看向张笑颜，小声嘀咕道：“这句话是什么意思？我没听明白。”

见况，李可欣微微一笑，解释道：“我来说吧。”她看向高乐乐，“白羽侠从小的梦想就是想要做一名武侠小说作家，为了实现梦想，他面临的却是一个又一个艰难的选择。在大学毕业那一年，他明明可以进入一家非常不错的企业实习，可是为了坚持梦想，他放弃了实习机会。在他食不果腹的那段日子里，面对他人的流言蜚语和冷嘲热讽，他明明可以另谋出路大展宏图，可是因为不甘心就此收手，他也放弃了其他机会。后来，他遇到了一位赏识他的老板，老板想要高价买断他的稿件，可是他为了保护自己的版权，捍卫自己的梦想，毅然决然地选择了放弃赚钱的机会。正是一次一次的选择和坚持，他才走到了今天。”

听到这儿，张笑颜发自肺腑地赞叹了一句：“在每一个选择面前，做出正确的选择，原来是这个意思……”她冲着白羽侠竖起了大拇指，“你可真了不起……”

“我觉得，这些都是我应该做出的选择。”白羽侠一如既往的谦逊、温和，好像事不关己一样。不知是不是觉得气氛有点儿尴尬，他即刻话锋一转，对着李可欣道：“你不也是一样？为了梦想，做出了无数个艰难的选择。”

“我？”李可欣摆摆手，“我怎么能和你比呢？你现在可是小有名气的武侠小说作家，而我还是一个普普通通的插画师，咱们两个一个天上一个地下，不能相提并论。”

“谁说的，我们都是追梦人，都是一样的，没有任何本质上的区别。”说着，白羽侠用手在高乐乐的眼前晃了晃，“小朋友，你一直不说话，在想什么呢？”

“啊？”高乐乐一晃神，犹犹豫豫地道，“我……我在想，我什么时候才能像你一样，实现我的梦想……”

“很简单，只要你在压力和诱惑面前不忘初心，认真地做出抉择，并付出实际行动，坚持下去。”说完这句话，白羽侠抿了口摩卡，“只要你照我说的话去做，任何梦想都可以变为现实。”

“真的吗？”高乐乐眼睛一亮，“我也有机会实现我的梦想？”

“任何人都有机会实现自己的梦想。”李可欣附和道，“白羽侠就是最好的例子，在此之前，所有人都说他异想天开，不务正业。可是现在呢？他用实际行动证明了自己的选择是正确的，这就是最好的结果。”

没错，只要在压力和诱惑面前不忘初心，做出忠于自己梦想的选择，就一定可以拨开云雾见月明，最终，实现自己的梦想。

自己的事情自己做，这是多么通俗简单的道理

自从张笑颜帮助高乐乐实现了他的愿望，他们就再也不拌嘴了。只是天有不测风云，消停的日子没过几天，张妈妈就因为急性阑尾炎住进了医院。病床上，她拉住了张笑颜的手，有气无力地道：“我马上就要进行手术了，手术后，照顾乐乐的重任就交付给你了……”

手术很成功，但是张笑颜却哭得像个泪人一样，毕竟，这是她第一次见到张妈妈如此脆弱的模样。与此同时，她也暗自下了决心，无论如何，也要在这段时间里照顾好高乐乐，以免让张妈妈分心。

当天晚上，张笑颜对着高乐乐说：“从今天起，我负责照顾你，如果你有异议，也等我妈妈出院之后再说。”

“我当然没有异议了，我也希望姑妈的身体能够早日康复。”高乐乐一本正经地道，“只不过，我有些担心，姑父出差了，四天之后才能赶回来。你不会做饭，也不会收拾家务，况且，还要到医院里照顾姑妈，你能行吗？”

“行也得行，不行也得行！”说着，张笑颜从冰箱里拿出了一包方便面，“我虽然不会做饭，但是会煮方便面。实在不行，我们明天去楼下拉面馆吃拉面，香葱拉面、大肉面、排骨面，随便你挑。”

“一日三餐，咱们两个人天天吃拉面？”高乐乐面有难色地张口，“表姐，不是我挑剔，咱们能吃点儿别的吗？毕竟，我们

还在长身体的时候呢！如果让姑妈知道了，也一定会担心的。”

“那就点外卖，保证天天不重样，但今天晚上没得挑，我们只能吃方便面。”张笑颜接过话，“还有，我要嘱咐你，从今天开始，自己的事情自己做，我是不可能帮助你做你的分内之事的！”

“比如说……收拾房间？”高乐乐瞅了瞅张笑颜半掩的房门，“我敢保证，我的房间肯定比你的房间干净。”

“这、这是两回事！”张笑颜急忙关上了自己的房门，“总而言之，我们两个人的事情绝对不能让我妈操心！”

次日一大早，张笑颜和高乐乐就来到了病房。

此时此刻，张妈妈正因为伤口的疼痛而愁眉不展，见来者是张笑颜和高乐乐，她露出了笑容：“这么早？你们吃饭了吗？”

“表姐带我吃了牛肉面。”高乐乐抢着道，“昨天晚上，表姐还亲自给我煮了方便面，可好吃了。”

“你还会煮方便面？”张妈妈惊奇地睁大了眼睛，“我怎么不知道？”

“我爸教我的，您出差的时候，他经常给我煮方便面。”似乎是意识到自己说漏了嘴，张笑颜急忙打了个哈哈，转移了话题，“妈，您放心吧！我昨天晚上已经把厨房收拾干净了。而且，我还洗了我和乐乐的脏衣服，昨晚的垃圾我们早上也顺手丢掉了。”

听到这儿，张妈妈只觉得有些不可思议，“你还会洗衣服？”

“难道洗衣服很难吗？”张笑颜反问道。“不就是把衣服放到洗衣机里，加入适量的洗衣液，等衣服洗好后再一件一件地晾起来吗？”说着，她撇撇嘴，“比收拾房间，简单多了。”

提到了这一茬，只听高乐乐急忙插言道：“姑妈，您不知道，表姐把她自己的房间收拾得可干净了！这是我认识她以来，第一次看到她把房间收拾得那么干净，比我的房间还要干净！”

“真的？”张妈妈禁不住笑出了声，可是，伤口强烈的不适又让她皱了皱眉头，“知道你们如此懂事，我就放心了，我可以好好地躺在医院里，专心养病了。”

回去的路上，张笑颜心情很不错的样子，只听她对着高乐乐道：“谢谢你啊，刚刚一个劲儿在我妈的面前说我的好话，我看得出来，我妈挺高兴的。”

“我只是实话实说而已。”高乐乐轻描淡写地道，“昨天晚上，你的确做了很多你平时不会去做的事情，而且做得很好。”

“我觉得还不够。”张笑颜顿了顿，“平时我妈妈在家的时候，她总是像个陀螺一样忙个不停，一会儿擦擦地板，一会儿擦擦桌子，闲下来的时候，就忙着制作各式各样的甜品，和她相比，我差远了。”

“我觉得，作为一个学生，只要做好分内的事情就已经很了不起了。”高乐乐接过话，“上课认真听讲，按时完成作业，收拾好自己的房间，整理好自己的个人物品，自己的事情自己做。”说完，他又补充了一句：“这些都是我妈妈教我的。”

“不仅要自己的事情自己做，你还不能乱碰别人的东西，”张笑颜提醒道，“从小到大，你玩坏了我多少东西！”

“表姐，那些都是陈芝麻烂谷子的事情了，你怎么还拿出来说？”高乐乐扭扭捏捏地道，“我已经很久没有弄坏你的东西了，而且，我也已经好几天没有在姑妈、姑父的面前打你的小报告了。”

“那就好！”张笑颜撇撇嘴，憋着笑，“以后还得继续努力哦！”

“你也是一样，不能因为姑妈生病了，就心血来潮变得勤快起来，等到姑妈出院以后，你还要继续保持这种状态哦！”高乐乐对答如流，“要不，姑妈还以为我刚刚和她说的那些话是在说谎呢！”

“我知道了。”张笑颜点点头，答应道，“我会好好表现的。”

你所期许的未来，只能自己争取

自从李可欣设计的霉霉得到了出版方的认可，她整个人都像是打了鸡血一样，每天都工作到凌晨两三点。终于，在一周的时间内，她顺利完成了近三分之一任务量的稿件，并提交给了出版方。

这日，好消息再次传来。

“亲爱的李可欣，您创作的《霉霉日常手册》已经顺利通过预审，请尽快联系您的责任编辑，提交全稿。”接到这一通知，熬了一晚的李可欣困意全无。只见她一蹦三尺高，扯着嗓子大喊了一声：“太棒了！”

就在这时，敲门声响起……

“可欣姐？”来者不是别人，正是刚准备出门去医院的张笑颜，“我刚刚在门口听到你大喊了一声‘太棒了’，难道是你的画稿顺利过审了？”

“是的，我正准备晚上把这个好消息告诉你呢！”李可欣的嘴角上扬，止不住地笑出了声，“我真的太高兴了，我好像从来都没有这么高兴过！”

“这就叫作——功夫不负有心人！”张笑颜拍了拍巴掌，“可欣姐，恭喜你，你又离梦想更近了一步！”

“是啊，想要的未来，只能靠自己的双手去争取，看来，我的坚持和努力都没有白费！”说到这儿，李可欣忽然想起了一件事情，“对了，阿姨的身体好些了没有，什么时候能够出院呢？”

“手术很成功，但伤口还没有恢复，暂时行动不是很方便，还需要住院观察。”提到张妈妈的病情，张笑颜的眸子瞬间暗淡了下来，“麻药一过，她的伤口就会痛，一看到她痛苦的样子，我就很难受。”

“这或许对你来说，也是一种成长吧！让你变得更加独立，更有担当。”李可欣边说，边拿起了外套，“你现在是要去医院探望阿姨吗？走，我和你一起去！”

张笑颜拎着一份小米粥风风火火地走进病房，后面跟着李可欣。“妈！”她亲昵地一笑，将小米粥放到了床头柜上，“我本想着自己熬小米粥给您吃，可是失败了，没办法，只好在路边买了现成的。”

见况，隔壁床的小女生试探性地问道：“阿姨，这就是您的女儿？”

“对，这就是我的女儿，张笑颜，她和你一样大，十四岁。”说到这儿，张妈妈才看到紧跟在后头的李可欣，“可欣，你怎么来了？”

“我来看看您。”李可欣嫣然一笑，只不过下一秒，她就在张妈妈的病床上看到了一本杂志，“阿姨，您也喜欢看《正青春周刊》？”

“是晶晶借给我的，”张妈妈看向隔壁床的小女孩，“她和你一样，喜欢画画，长大了想要当一个画家。”她对晶晶说：“晶晶，李可欣是一个插画师，有什么不懂的问题，你可以问她。”

殊不知一听到李可欣的名字，晶晶哎呀了一声。“李可欣？

你是插画师李可欣？”她不可思议地倒吸了一口凉气，“我看过你的画，我非常喜欢！”

“啊？”这可是李可欣头一回碰到这种情况，“你看过我的插画？”她有些不敢相信，“怎么可能？”

“真的！”说着，晶晶又从枕头下翻出了两本《正青春周刊》，并翻到了其中的一页，“你看，插画师李可欣，这里写得清清楚楚，难道，这个世界上还有另外一个插画师和你同名同姓？”

“这……的确是我画的插画。”不知道为什么，李可欣忽然间觉得有点儿不好意思，“真没想到，竟然还有人关注我，我一直以为，不会有人认识我呢……”

“我一直都很关注你，还关注了你的微博呢！”晶晶眼睛一亮，迫不及待地道，“而且，只要是你推荐的杂志我都买了，比如说《正青春周刊》《梦之语》《魔法少女》……我可是你的忠实粉丝呢！”

对于李可欣来说，这是一个意外的惊喜。因为从始至终，她都是一个默默无闻的插画师，她的微博粉丝寥寥无几。然而今天，却有一个十四岁的小女生表达了对她的喜爱，这让李可欣在受宠若惊的同时多了几分感动。

见李可欣不说话，晶晶打开了话匣子：“可欣姐，起初的时候，我只是喜欢你画的插画，我觉得你的插画里有一种说不出来的唯美。后来，我关注了你的微博，试图通过微博了解你，我渐渐发现，你是一个非常正能量的大姐姐，你经常会说一些激励人心的话语，让我受益匪浅。”

“这倒是真的。”听到这儿，张笑颜插言道，“可欣姐的确是一个正能量满满的大姐姐，刚刚她还和我说‘自己想要的未来，要靠自己的双手去争取’。而且，她也一直用她的实际行动证明自己的能力，证明她说的这些话是有理可循的。”

“这就是我喜欢可欣姐的原因。”晶晶笑道，“只是没有想到，今天会在这里碰到可欣姐，连生病都变得没有那么糟糕了！”

说到这儿，张笑颜禁不住问道：“你得了什么病？为什么要住院？”

“和你妈妈一样，急性阑尾炎，今天下午的手术。”说完，晶晶看向李可欣，“本来我很害怕，但是现在，我一点儿都不怕了！这点儿小小的病痛没有什么大不了的，等我病好了，我一定好好学习画画，向可欣姐学习，实现自己的梦想！”

宁可辛苦一阵子，也不能后悔一辈子

三天后，张妈妈出院了。与此同时，李可欣也进入了废寝忘食的工作状态中。

这天中午，张妈妈把打包好的饭菜递给了张笑颜：“我猜可欣一定忙着工作没有吃饭，快，把这些饭菜送过去。顺便，提醒她多注意休息，身体是革命的本钱，累坏身体得不偿失。”

张笑颜照做了。她来到了李可欣的家，见李可欣接二连三地打着哈欠，禁不住问道：“可欣姐，你还没有睡醒吗？我是不是打扰到你了？”

“不，我是还没睡。”李可欣看向指向“1”的时钟，“我还有三幅画稿要修改，进度比我想象得慢了一点儿。”

“什么？你还没睡？”张笑颜倒吸了一口凉气，“可欣姐，你的身体又不是铜墙铁壁，这样下去，你会生病的！”

“我知道，但时间有限，我必须要逼自己一把。”说着，李可欣指了指墙上的日历，距离下一次的交稿日还有六天，“我不仅要修改之前创作的画稿，还要创作完成剩下的所有画稿，如果现在偷懒，到时候一定来不及。”

“那就和对方沟通一下，让他们多给你几天的创作时间。”张笑颜出了一个主意，“我总觉得，你有点儿太拼了，你大可不必这样为难自己，而且很多东西，欲速则不达。”

“不行！”殊不知李可欣想都没想，就果断地摇了摇头，“当初我和责任编辑取得联系的时候，对方明确表示如果我没有在规定的时间完成画稿，他们就会考虑另外一个插画师。所以，无论如何，我都要在规定的时间内完成所有画稿，而且要做到最好！”

“这也太强人所难了吧……”张笑颜嘀咕道，“人又不是机器，怎么可能不休息呢……”

“没办法，这就是竞争的压力，”李可欣苦笑了一声，转身看向修改到一半的画稿，“霉霉是我创作出的人物，为了让更多的读者认识她，喜欢她，我必须要打起十二分精神，做好这件事情，不然，以后的我一定会后悔的！”

回到家中的时候，张笑颜把李可欣说的话讲给张妈妈听，还不忘加上了一句：“可欣姐太固执了，她怎么能够弃自己的身体于不顾，不吃不喝，一心只想着工作呢？难道在她的生命中，工作是最重要的事情吗？”

相比之下，张妈妈就显得淡然很多，她道：“可欣这么努力，不单单是为了工作，更是为了实现自己的梦想，你之前不是和我说过，她的梦想是成为一个漫画家吗？如今她有了出版漫画绘本的机会，当然要全力以赴了。”说着，她转头看向张笑颜：“你要学习可欣这种为了梦想而拼搏的精神。”

可张笑颜并不这么认为。“算了算了，”她摆摆手，“相比之下，我还是更喜欢轻松、自在一点儿的生活。”

“那是因为，你还没有找到你的理想和目标，”张妈妈道，“等你找到了，可不要反悔你刚刚说的话哦！”

说实话，张笑颜崇尚自由，向来随心所欲，没有什么追求，所以提起梦想，她还真觉得有些遥不可及，所以，她也无法理解机会的重要性。直到几天过去了，她在医院里遇到了一位同样为了理想而拼搏的大姐姐，她才渐渐意识到，原来在这个世界上，并不是只有李可欣那么“固执”。

这天下午，张笑颜来到医院替张妈妈取病历，等待的过程中，只见一个戴着耳机的女生坐到了她的身边。她戴着近视眼镜，双眼目视前方，嘴巴里还一直嘀咕个不停，张笑颜觉得她很奇怪，于是一直好奇地盯着她看，直到医生走了出来，张笑颜才回过神儿来……

“赵燕！”护士一边喊，一边看着坐在休息椅上的十几个人，“谁是赵燕的家属？”大家你看看我，我看看你，都没有吱声。

见况，医生将下一位患者的家属叫到了办公室。与此同时，坐在张笑颜身边的女生，摘下耳机，问张笑颜：“你好，请问刚刚医生是在叫赵燕的家属吗？”

“是啊，难道……你是赵燕的家属？”张笑颜睁大了眼睛。

“赵燕是我的妈妈。”说着，女生尴尬地一笑。“刚刚正听到关键时候，所以我一晃神，就忘记了我有要事在身。”她看了看紧锁的门，“算了，我还是再等一等，正好我还没有听完呢。”

“你在听什么？”张笑颜觉得奇怪，“难道在听广播？”

“不，我在练习英语听力，”女生笑着道，“明年我就要参加高考了，所以我现在一分一秒都不能浪费，我要抓紧一切时间学习。”

“明年……”张笑颜拉长了尾音，“拜托，明年还早着呢！”

“明年虽然还早，但是高考对我来说只有一次，如果没有考上理想的大学，我会后悔一辈子的。”说罢，她握紧了拳头，“我一想到，有几万甚至几十万的高考生和我一样为了高考而奋斗，我就浑身充满了动力，恨不得二十四个小时都在学习。”

“可是，如果生活中只有学习，岂不是很乏味和枯燥吗？”张笑颜犹犹豫豫地道，“如果换作是我，即使是高考，我也不会像你这样拼命的，学习对于我来说，只能是生活中的一部分，连一半都不到。”

“那是因为，你还没有站在我的位置上。”女生想了想道，“当你知道比你优秀的人比你还要努力的时候，你就会感觉到压力，你会害怕被别人超越，害怕被淘汰。所以，为了更好的未来，必须要把握住每一个证明自己的机会。只有这样，才能实现自己的梦想。”

提到了梦想，张笑颜问道：“你的梦想是什么？”

“我想学医。”女生道，“我的妈妈身体不好，总是生病，所以，我想要报考最好的医科大学，成为一名医生，给像我妈妈一样身体不好的患者治病，让患者远离病痛的折磨，成为健康的人。”

坚定的话语，让张笑颜顿时对面前的女生多了几分钦佩，同时，她也想到了为了赶稿而日夜奋斗的李可欣，直至这时，她终于意识到了，在机会的面前，人只有全力拼搏，才会不留遗憾。

不畏将来，做自己人生中的主角

白羽侠在新书发布会的当天，特地邀请了张笑颜和高乐乐。

高乐乐一早就拉着张笑颜来到了发布会的现场，迫不及待地问道：“羽侠哥哥呢？怎么不见他人呢？”

“拜托，我们约好了九点钟，现在才八点整。”张笑颜深叹了一口气，“早知道这里没人，我就不听你的了，还能多睡一个小时……”张笑颜的话音刚落，白羽侠就走了过来。

“羽侠哥哥！”高乐乐快步跑了过去，“我就知道，早点儿来一定能够见到你。”

“我在对面的休息室，听到这边有响动，所以过来看一看。”说着，白羽侠将高乐乐和张笑颜带到了他的休息室，还为他们点了两杯橙汁，这才问道：“李可欣呢？她没跟着你们一起来？”

“可欣姐忙着赶稿没时间，她说明天交完全稿，再亲自祝贺你。”说着，张笑颜垂下了眼帘，“我今天早上看到可欣姐，觉得她瘦了一圈，看到她这么拼命，我有点儿心疼，还有点儿难受。”

“可欣和我一样，也是一个‘拼命三郎’。”白羽侠无奈地笑了笑。“想当初，我为了赶稿，三天加在一起也就睡了六个小时。后来，读者渐渐多了起来，为了不辜负读者的期望，连续四年的时间，我每天坚持工作十七个小时，这才一步一步走到了今天……”说到自己的辛酸史，白羽侠鼻子一酸，竟觉得有些难过，“现在的可欣，就像是曾经的我，为了梦想不顾一切。”

“是啊，为了梦想不顾一切，”张笑颜接过话，“前几天，我在医院里碰到了一个高二的女学生，她也是一样。为了考上最好的医科大学，她每时每刻都在学习，连走路都在进行听力练习。我觉得，你们有梦想的人，好像身上都带着一股子劲儿，有使不完的力气。”

“我们有梦想的人？”白羽侠抓住了重点，“难道……你没有梦想吗？”

“我？”张笑颜指了指自己的鼻子，摇了摇头，“没有。”

“我不相信。”白羽侠不假思索地道。“每个人都有梦想，都有自己想要做的事情，就好比高乐乐，他的梦想就是成为一名武侠小说作家。”说着，他看向高乐乐，“我说的没错吧？”

“没错，我想要向你学习，成为一名武侠小说作家。”高乐乐回答道，“只不过……”他顿了顿，“据我所知，我的表姐真的没有梦想，至少，她从来没有和我提及过她的未来或是未来的目标。”

听到这儿，白羽侠的眉头微微蹙起。“你真的没有梦想？”他对着张笑颜道，“你没有想要做的事情？”

“我……”张笑颜有些为难，“说实话，提起未来，我有些迷茫，也有些彷徨。我也不知道自己能做成什么事，也不知道自己能够成为什么样的人……”

“这样啊……”白羽侠想了想，接着问道，“那么，你平时喜欢做些什么呢？”

“看电视，玩游戏，她还喜欢对着镜子照来照去。”高乐乐抢着回答。

“喜欢照镜子？”白羽侠看着张笑颜，问，“这是什么爱好？”

“啊，我的确很喜欢照镜子……”张笑颜脸颊一红，吞吞吐吐地解释道。“我喜欢搭配衣服，有的时候一天会换好几身衣服，每次搭配好了衣服，我都会在镜子面前照来照去……”说着，她猛地打了一下高乐乐的胳膊，“喂！就你话多！”

可白羽侠并不觉得高乐乐话多，反而觉得他的提示给了他很大的启发。“既然你喜欢搭配服饰，为什么不考虑成为一名服装搭配师，或是服装设计师？”他边说边拍了拍西装上并不存在的灰尘，“像我这种审美能力极差的人，就需要你这种擅于搭配服饰的人的帮忙。要不然，今天发布会上，我都不知道应该穿什么。”

“服装搭配师？”张笑颜眼前一亮，“听起来好像挺有趣。”

“有没有趣不是关键，关键是你喜不喜欢，感不感兴趣，有没有为之拼搏的冲动。”白羽侠接着道，“就好比我，我对于任何事情都提不起兴趣，唯独对写作，我可以废寝忘食，哪怕再艰难的日子我都会坚持下去。因为，我不想只创作书中的主角，我想成为我人生中的主角。”

“不想只创作书中的主角，而是想要成为自己人生中的主角。”张笑颜重复着这句话，“这句话说得太好了！”

“这句话就是这一次新书发布会上，我想要表达的主题。”白羽侠顿了顿，“以前，我总是绞尽脑汁地构思书中的主角，希望书中的每个人物都有出彩的地方，都会获得读者的喜爱。但是现在，我想要成为我人生中的主角，我希望自己可以变得更加强大，更加优秀，给读者创作更有趣、更有意义的故事。”

听到这儿，一直没有说几句话的高乐乐冲着白羽侠竖起了大拇指，“羽侠哥哥，你一定可以做到的！”

“我也相信我自己，一定可以不畏未来，成为自己人生中的主角。”

白羽侠的新书发布会举办得非常成功，在最后的记者采访环节中，他的回答也非常出彩。当其中一名记者问到了他对于未来的计划时，他脱口而出：“对于未来，我想对自己说，不要害怕未知，也不要因为未知而彷徨，大胆地向前走，做自己人生中的主角，你一定会为未来的你感到骄傲！”

第四章
世上没有任何一个人，没有经历过失败

少年，不要总把“如果”挂在嘴边

这一天，欧阳灿美哭哭啼啼地找到了张笑颜，对她道：“亲爱的，我等了一年多的机会，可是我还是不争气，又把领唱的位置丢掉了。”

事情的经过是这样的……

欧阳灿美从小就喜欢唱歌，于是她的家人给她报了合唱班，希望她可以专心致志地好好学习唱歌。她也很争气，很快就通过自己的努力，成了“小百合合唱团”的成员之一。每逢节日，她都会随着合唱团到各地进行表演，这一次也不例外。

可是，天有不测风云，就在合唱团紧张地进行最后的彩排时，唯一一名领唱忽然因为喉咙肿痛失声了，无法进行正式的演出了。无奈之下，声乐老师只好临时找人替补领唱的位置，当时，老师一共挑选了两名成员，其中就有欧阳灿美。

要知道，今年是欧阳灿美加入“小百合合唱团”的第五个年头。外形靓丽、声音甜美的她一直站在队伍第一排正中间的位置，是老师最器重的成员。就在所有人都认为这一次合唱团领唱的位置非欧阳灿美莫属的时候，意外发生了……

不知道是因为紧张，还是因为喉咙不适，主歌快要结束，旋律慢慢推向高潮的那一瞬间，欧阳灿美忽然变了调，低了半个音。对于领唱来说，这是不允许出现的失误，于是老师当机立断，让另一位成员做了领唱。

演出结束后，欧阳灿美对这件事情一直耿耿于怀，她并不是生气另一位成员抢走了她领唱的位置，而是恨自己不争气，恨自己在最关键的时候出现了不可原谅的失误。于是，她便找到了张笑颜，对着她诉起了苦。

欧阳灿美喋喋不休地道："早知道会发生这种事，彩排的前一天晚上，我一定好好练习，让自己更加快速地进入状态……如果我没有跑调，如果这一次领唱的人是我，那该有多好啊……"

见欧阳灿美哭得一把鼻涕一把泪，张笑颜递过了一张餐巾纸，耐着性子宽慰道："事情已经发生了，你总把'如果'挂在嘴边有什么用？人生没有如果，只有结果和后果，过去的事情不能重来。你啊，还是擦干眼泪接受现实吧！"

"可是……可是我不甘心。"欧阳灿美哽咽着，"那不是我的真实水平，你知道的，我唱歌从来都不跑调，那次是一个意外。"

"那又怎样？"张笑颜撇撇嘴，"谁让你没有把握住机会，就在这次选拔中跑调了呢？"

殊不知一听这话，欧阳灿美更伤心了："你的意思是说，我根本就没有能力当领唱，是我自不量力。"

"我、我可没有这么说，我也没有这个意思，你千万不要胡思乱想。"张笑颜一紧张起来，说话都磕巴了，"我的意思是说，意外已经发生了，你再懊悔，再自责也没有用，还不如坦然面对，争取下一次好好表现。"

"我已经没有信心了。"欧阳灿美摇了摇头，"我不知道如何再在合唱团待下去了，老师也不会喜欢一个唱歌跑调的学生，我还是……还是……"

"退出？"张笑颜道，"拜托，这可不是你欧阳灿美的一贯作风！"

"我不想让别人笑话我……"欧阳灿美吸了吸鼻子，喃喃道，“我不想成为别人的笑柄。”

“因为一点儿小事就临阵脱逃，这才是最可笑的行为呢！”张笑颜脱口而出，“你如果真的害怕别人嘲笑你，那就证明给他们看，你有成为领唱的能力！再说了，谁没有失误的时候？每个人都不是完美的，你没有必要盯着自己小小的失误念念不忘！在我来看，你就是小题大做！”

“我……小题大做？”欧阳灿美一愣。

“对！”事已至此，张笑颜干脆说得更直接，“人生有成功就有失误，有前进就有后退，输什么都不能输了志气！如果我是你，我绝对不会因为一次小小的失误而选择放弃，也不会自怨自艾个不停，我只会做我应该做的事情。”

“应该做的事情？”欧阳灿美止住哽咽，泪眼汪汪地看着张笑颜，等待着她的下文。

见欧阳灿美不再抱怨，张笑颜想了想道：“专心学习乐理，练习发音，争取下次机会来临的时候好好表现，而不是像今天这样自责个不停……”她看着欧阳灿美，一张一顿地说：“机会只留给有准备的人，这一次没有把握住，那就等下一次，没什么大不了。”

不知道是不是觉得张笑颜的话有几分道理，只见欧阳灿美点了点头，“你说得好像也没错。”

“什么叫‘也没错’？”张笑颜故作生气地嘟起小嘴，“我说的‘对极了’，你要按照我说的话去做。相比于你哭哭啼啼，我还是更喜欢你笑起来的样子，笑起来，你才是真正的欧阳灿美啊！”

没错，哭解决不了任何问题，反而会让心情跌到谷底。当不如意的事情已经发生了，就要学着坦然地接受，笑着面对一切难题。要知道，人生没有回头路，不想原地踏步，就得继续向前走……

难道还有什么事情，比“挫折”更平常吗？

欧阳灿美走后，高乐乐这才小心翼翼地从房间里面探出了脑袋。“表姐？”他怯怯地叫了一声，“你的朋友走了吗？”

“走了。”张笑颜翻了个白眼，“你小子危急关头就知道一个人躲起来，也不出来帮帮我。”

“我……我也是爱莫能助。”高乐乐耸耸肩，缓步走到了张笑颜的身边，“我是想和你朋友打招呼的，可是她一进门就哭得撕心裂肺，如果那个时候我忽然间冒出来，岂不是大家都很尴尬？”

“那后来呢？”张笑颜气鼓鼓地问道，“你明明知道我不擅于讲大道理，还让我一个人处理这么大的问题。你应该找一个合适的时机，出来帮我说话，劝劝她。”

“可是我觉得，你说得很不错，而且都很有道理，只是你的朋友太爱钻牛角尖了，她只活在自己悲痛的世界里，完全不听你在说什么。好在后来，你慢慢说服了她，她也冷静了许多。”说完这话，高乐乐加上一句，“所以，想来想去，我还是觉得按兵不动为上策，免得分散对方的注意力，让你前功尽弃！”

“切！说来说去，都是你有道理，”张笑颜撇撇嘴，叹了一口气，“你说得也对，灿美的确很爱钻牛角尖，但是我理解她为什么那么患得患失。毕竟从小到大，她一直是在别人的赞美声中长大的，没有经历过大起大落，所以，每逢遇到一点儿小事，她就会小题大做，甚至胡思乱想。”

“所以，她应该多经历一点儿挫折。”高乐乐人小鬼大，想了想道，“习以为常，也就不觉得奇怪了……”

“打住！”高乐乐还没说完，张笑颜就打断了他的话，“你别站着说话不腰疼，习以为常？拜托！没有人喜欢挫折，我也是一样。”

“可是，挫折在所难免，如果不尝试着去习惯，岂不是每一次都要小题大做？”说到这儿，高乐乐忽然想到了一本书，“我推荐她读一下《小公主》这本书，故事的主人公是一个名为萨拉·克鲁的英国女孩，她的童年经历过很多的挫折，可是她还是乐观、积极地生活。”说了这么多，他总结道：“总而言之，看了这本书，她一定会获益匪浅的。”

高乐乐只是随口一说，但让他没有想到的是，张笑颜还真就向欧阳灿美推荐了这本《小公主》。更让他没有想到的是，欧阳灿美当下就跑到图书馆借来了这本书，用了两天的时间把书看完了。

两天后，欧阳灿美再一次来到张笑颜的家里，只不过这一次，她不是找张笑颜诉苦的，而是向高乐乐致谢的。她对着高乐乐说：“你推荐给我的那一本《小公主》我非常喜欢，我在图书馆里借了书，不舍得还回去，于是又让我妈妈去书店帮我买了一本，我正打算看第二遍呢！”

“这本书真的有那么好看？”张笑颜半信半疑地道，“不就是讲一个小女孩悲惨的童年故事吗？”

“并不是这样。”欧阳灿美眨了眨眼睛，一本正经地回答，“这本书里的主人公萨拉·克鲁在童年虽然经历了很多波折，但是她是一个乐观开朗。积极向上的女孩子，我很喜欢她。”然后，欧阳灿美讲述了《小公主》这本书的主要内容：

《小公主》这本书的主角萨拉·克鲁一出生就失去

了自己的母亲，好在她的父亲克鲁上尉非常富有，给了她衣食无忧的童年。在萨拉·克鲁七岁那年，她随父亲来到了伦敦，在明卿女士开办的女子贵族学校里寄宿读书。优越的家庭背景使得她备受宠爱，她就像是一个“小公主”一般，得到了很多的特殊照顾。

可是，噩梦在萨拉·克鲁生日的那一天悄然来临……由于父亲破产身亡，萨拉·克鲁一夜之间受到了冷落，明卿女士对她的态度也来了一个大转弯，她不再是备受宠爱的“小公主”，被赶到了简陋的阁楼上居住。在那里，她过着非人的生活，而她唯一能做的，只是在无数个黑暗的夜晚中，思念着她的父亲。

尽管如此，萨拉·克鲁还是没有向命运缴械投降，她顽强地生活，并结实了好友贝基，两个人相互鼓励，相互扶持，创造了属于自己的奇迹。萨拉·克鲁的父亲在去世后给她留下了一大笔遗产，父亲的朋友经过多方打听终于找到了她，于是一夜之间，她又变回了“小公主”，对此，明卿女士悔不当初。

讲完了《小公主》的主要内容，欧阳灿美接着道：“萨拉·克鲁说，‘如果我是一位公主，即使我衣衫褴褛，我的内心还是一个公主。在不为人知时还能保持一颗公主的心，就是一种成功。’我虽然不是‘小公主’，但是我希望具备‘小公主’身上那种不畏挫折、坚强乐观的公主气质，所以，我要向她好好学习。”

“没错！当时啊，我就是被‘小公主’坦然地面对挫折与失败，不向命运屈服的精神所打动，她那么坚强，那么勇敢，就连我一个男孩子都觉得自愧不如。”说着，高乐乐看向张笑颜，“表姐，我劝你，少玩点儿游戏，有时间最好也读一读《小公主》这本书。”

“这、这和玩游戏有什么关系？”张笑颜轻咳了一声，“高乐乐，我可警告你，千万不要在我妈妈面前打小报告！我今天可就玩了一小会儿。”

“知道了……”高乐乐拉长了尾音，“但是，我还是希望你看一看这本书。”

欧阳灿美接话道：“我下次来的时候，顺便把书带给你。”

“那……好吧。”张笑颜不情愿地答应道，“我答应你们，我一定看。”

就这样，少女的心事被一本《小公主》治愈了。虽然欧阳灿美不是“小公主”，但是她学习到了主人公身上宝贵的精神，这就是一种收获，也是一种成长。

吸取失败的教训，避免重蹈覆辙

心血来潮，张笑颜想要跟着张妈妈学做甜点。一来，她想让高乐乐对她刮目相看；二来，她觉得暑假里除了学业，她应该学会一项技能，比如做甜点。

只是，这做甜点看起来容易，动手做的时候就没有那么简单了。就拿做蛋挞来举例——这不，张笑颜刚迫不及待地把亲手做好的蛋挞放入嘴巴里嚼了嚼，就面有难色地皱起了眉头：“妈！太难吃了……”

“我都和你说过了，不能因为你喜欢吃甜，就一个劲儿地往蛋挞液里面加糖，破坏了比例，做出的味道，并没有你想象中的那么好吃。”说着，张妈妈看向剩下的三个蛋挞，“我最多帮你吃一个，剩下的，你自己解决。”

“那还剩下两个呢。”说着，张笑颜干咳了两声，冲着屋子里喊道，“乐乐！快来！这有好吃的蛋挞——”

“来啦！”只见高乐乐一个箭步冲了过来，问都没问就把蛋挞一整个塞到了嘴巴里。结果一秒钟不到，他就变了脸，急忙跑到垃圾桶前把蛋挞吐了出来，“姑妈，这不是您做的蛋挞吧？又甜又苦，还有一股怪味儿！好像是坏掉了一样，真难吃！”

张笑颜猛地一跺脚：“给你吃还堵不上你的嘴！”

一听这话，高乐乐猛地转过身子，看向站在一旁憋着笑的张妈妈：“姑妈，您别告诉我，我吃的蛋挞是表姐做的……”

“是我做的，怎么着？”张笑颜一叉腰，接过了话，“而且，除了甜了一点儿之外，我可没有吃出其他的怪味儿。”她一咬牙，一跺脚，把最后一个蛋挞塞到了嘴巴里，还口是心非地说了一句：“好吃！”

见况，张妈妈笑着打了一个圆场：“好不好吃，现在都被我们吃掉了，如果你还想学会怎么做蛋挞，那就再接再厉，重新做吧！”

这一次，张笑颜没有随意发挥，而是按照比例，在器皿中加入了白糖和牛奶待用。随后，她将准备好的蛋黄拿了出来，为了让蛋黄液更加充分地溶解到牛奶中，她前前后后一共搅拌了十几分钟，直到蛋液中出现了大量泡沫，这才擦了擦额头上的汗，将蛋液加入器皿中和其他食材调和，再加入鲜奶油搅拌，最后，将蛋挞液倒到事先准备好的蛋挞皮中，小心翼翼地将之放入了烤箱。

张笑颜对着张妈妈道：“这一次绝对没有问题，白糖我既没有多放，也没有少放，比例刚刚好！”事实证明，话不能说太满。二十分钟后，随着叮的一声，张笑颜打开了烤箱，往里看了一眼，发现了不对劲儿。

“表姐，你这一次做的蛋挞，看起来怎么怪怪的？”高乐乐一脸嫌弃地道。“别人家的蛋挞表面光滑饱满，光是看着就有食欲，可你做的蛋挞……”他顿了顿，“蛋挞液全部溢出了蛋挞皮，而且凹凸不平的，像是月球表面……”

碍于高乐乐说的是实情，张笑颜只能嘟着嘴，叫来了张妈妈，张妈妈一看，顿时就知道了个原因：“你啊，这一次失败在蛋挞液搅拌的时间太久，泡沫太多，所以才会出现蛋挞表面凹凸不平的现象。蛋挞液之所以会溢出蛋挞皮，是因为你倒得太满，要记住，不要贪多，只需九分满。”

连续两次的失败，让张笑颜信心大减，完全没有了起初的兴致勃勃。

或许是不想打击张笑颜的积极性，高乐乐壮着胆子拿起一个蛋挞尝了尝，不尝不知道，一尝吓一跳！他对着张笑颜道：“表姐，这一次的蛋挞虽然卖相不太好，但是味道刚刚好，你只要按照姑妈提出的建议来改进，一定会成功的！”

可是，张笑颜却不干了，她洗了手，一屁股坐在了沙发上。“不做了。”她气鼓鼓地道，“折腾了一上午，八个蛋挞全部失败！继续折腾下去，天都要黑了。”

“你虽然折腾了一上午，但是收获满满啊！”人小鬼大的高乐乐宽慰道，“你不仅知道了制作蛋挞的步骤，还掌握了制作蛋挞的要领，这些难道还不足够吗？”他凑到了张笑颜的面前，压低了声音道：“再说了，如果现在你就此收手，半途而废，姑妈会笑话你的！可欣姐也会笑话你的！”

没错，遇到一点儿挫折就半途而废，对比起初的雄心壮志，的确是够可笑的。一半是出于面子，一半是出于不甘心，张笑颜思考了许久，这才拍拍屁股站起身，说：“好，那我再试一次！”

这一次，张笑颜一点儿都没敢马虎，她在器皿中依次加入白糖和牛奶，待白糖充分溶解后再加入搅拌好的蛋黄和鲜奶油。为了避免重蹈覆辙，这一次她不敢“用力过猛”，而是搅一搅停一停，尽可能避免出现泡沫。在将蛋挞液倒入蛋挞皮的过程中，她也是小心谨慎，铭记妈妈说的“九分满”。她想，这一次，无论如何也要争口气！

二十分钟到了，打开烤箱的那一刹那，屋子里香气四溢……

蛋挞外酥里嫩，咬下一口满满的都是奶香味，仅仅是咬了一口，高乐乐就竖起了大拇指：“色香味俱全，表姐，你这一次的蛋挞做得太成功了！”

“真的吗？”张笑颜咽下了因为紧张而分泌的口水，“我都不敢尝了。”

“真的，”张妈妈应和道，“乐乐没有安慰你，这一次，你的蛋挞做得非常成功，比我做的还要好吃呢！”

半信半疑中，张笑颜将蛋挞塞进了嘴巴里，正如高乐乐所说，外焦里嫩，色香味俱佳，好吃得不得了。刹那间，一股感动涌上心头，她想，想要成功一次真的是太难了！好在她坚持了下来，并吸取了经验教训，所有努力才没有白费。

得意时瞧得起别人，失意时看得起自己

张爸爸平时滴酒不沾，但最近不知道怎么了，自从出差回来之后，他每天晚上都喝得醉醺醺的，人也没有以前那么乐观开朗了，这可把张妈妈气坏了。

“笑颜，”这天晚上，张妈妈来到张笑颜的房间，皱着眉头问，“你爸最近什么情况？天天都是一身酒气，我说他还不乐意！现在都八点了，他还没回来，我估计他又出去喝酒了！”

“唉……”张笑颜叹了口气，“妈……这事就说来话长了……”

“那你就长话短说。”张妈妈往床上一坐，不肯起身了。

见况，张笑颜只得一五一十地道：“妈，您还记得我爸的同事贾叔叔吗？他前些日子被客户投诉，公司一气之下把他辞退了，他可是我爸在公司里最好的朋友，我爸心情不好，所以就……”

“你贾叔叔被辞退了？”张妈妈难以置信地倒吸了一口凉气，“他在公司工作了近二十年，是公司的老员工了，怎么能说辞退就辞退呢？”

“我爸说……”张笑颜神神秘秘地凑到了张妈妈的耳边，“我听我爸说，他是被人陷害的……”

“被人陷害？”张妈妈眼珠子一转，顿时就明白了个大概，“我知道了，肯定是你贾叔叔平时太过张扬，总是一副目中无人的样子，结果遭人嫉妒，才出了事。”

“我也是这么认为的。”张笑颜点点头，“贾叔叔哪儿都好，但自从他当了领导以后，就像是变了一个人一样，总是摆出一副高高在上的姿态，给人的感觉很不舒服。爸爸也暗中提醒过他很多次，可是他不听，总是一意孤行。”

张笑颜并不是夸大其词。在她小的时候，贾叔叔就经常到她们家做客，那时候的他谦逊、和善，脸上总是带着笑，可自从被老板提拔，一夜之间成了领导之后，他就像是变了一个人一样，变得高傲、冷漠。对此，张爸爸明里暗里提醒他很多次，可他就是固执己见，这才落到了这副田地。

真是悲哀！

此时，张爸爸回来了，他又喝得酩酊大醉。张妈妈憋着火，耐着性子把站在门外的他搀扶到沙发上，边替他脱掉大衣，边开门见山地道：“老贾的事情我都知道了，你打算瞒我到什么时候？”

“你都知道了？”张爸爸一惊，但或许是意识到了纸包不住火，只听他道，“老贾那人脸皮薄，好面子，他不让我告诉你，怕你笑话。”

“都这个时候了，他怎么还顾及面子……”张妈妈嘀咕了一句，接着道，“不管怎么样，喝酒是解决不了问题的，有时间你还是多劝劝他吧，他还年轻，有的是机会大展宏图。”

“我嘴皮子都磨破了，”张爸爸摆摆手，深叹一口气，“可是，老贾这人太犟！油盐不进！天天拉着我借酒消愁，我如果不和他喝酒，他就威胁我，我也是被逼无奈，没办法……”

“‘威胁’你？”张妈妈重复了一嘴。

张爸爸解释道：“自从老贾失业之后，他每天都郁郁寡欢，我托人帮他找了好几份工作他都不去。现在除了喝酒，他什么事都不肯干，我如果不陪他喝酒，他就说我无情无义，要和我断绝关系。我啊，现在是里外不是人！”

得知了事情的来龙去脉，张妈妈的火气也消了一半，只不过，作为认识多年的老友，她不能眼睁睁地看着老贾颓废下去，她说：“人都说‘得意时瞧得起别人，失意时瞧得起自己’，这个老贾偏偏反着来——‘得意时瞧不起别人，失意时瞧不起自己’，这样下去，他以前所有的努力全部都得白费。”

“谁说不是呢！”张爸爸一脸的懊恼，“我和他说了，做人不要太在意别人的眼光，要为自己而活，而不是为了别人而活。就算你失业了，也有再就业的机会，也能通过努力改善自己的生活，可是他不听，还说我站着说话不腰疼……”

“依我看，他现在是接受不了现实的落差，自欺欺人，拿你撒气。”张妈妈分析道，“以前他当领导的时候，每天趾高气扬。

可‘站得越高摔得越疼’，事情一出，他不但不是领导了，连工作都丢了，对于他来说，这是致命的打击！但是在我看来，他就是小孩子气，不懂得调整自己的情绪。”

“那我应该怎么劝他呢？”张爸爸问道，“该说的我都说了，该做的我都做了，我已经不知道如何是好了。”

“你就和他说，如果你继续这样颓废下去，没有人会瞧得起你，连你自己都瞧不起你自己，如何奢求别人尊重你？人生在世，不能高看自己，也不能小看自己。你错了一次，不能一步错，步步错。”张妈妈看着张爸爸，一字一顿，“越直接越好！”

“那、那可不行！”张爸爸头摇得像拨浪鼓，“老贾这个人好面子，这样说就等于火上浇油，他会暴跳如雷的！”

“可是，你必须要帮助他认清现实！一味地顺从不是在帮他，而是在害他！”说着，张妈妈撇撇嘴，“如果你不说，那我去说，反正我不怕丢面子。”

“别、别、别！”张爸爸即刻投降了，“如果这么说真的会让他面对现实，重新振作起来，那么这个锅我来背！”

体体面面地输，好过偷偷摸摸地赢

平日里，张笑颜和高乐乐是三天一小吵，五天一大吵，但自从张妈妈得了急性阑尾炎生病住院之后，张笑颜一夜之间成长了不少，也很少和高乐乐闹矛盾了。同时，张笑颜也觉得和高乐乐和平相处的时光里少了一点儿什么。

这天一大早，张笑颜指着垃圾快溢出来的三个垃圾袋，对着高乐乐道：“高乐乐，前几次都是我去倒的垃圾，今天轮到你去倒了。”

“我不去。”高乐乐边说边裹紧了自己的外套，“今天外面下着大雪，窝在家里我都觉得冷，你竟然还让我出去倒垃圾，你明显是故意的。”

“可是，爸爸妈妈都上班了，垃圾总得有人倒吧？”说着，张笑颜出了一个主意，“要不这样，咱们两个‘抽大小’，谁抽出来的数字小，谁就出去倒垃圾，一把定输赢，谁都不许反悔，怎么样？”

只见高乐乐脑袋瓜子一转，点了点头：“就这么办。”

为了公平起见，高乐乐特地找出了一副崭新的扑克牌，他从扑克牌中随意抽出了五张带有不同数字的牌，并当着张笑颜的面将它们洗匀后排成了一排。面对一模一样的扑克牌，张笑颜一会看看这个，一会看看那个，最后选择了正中间的那张牌，那张牌的数字为“5”。

见况，高乐乐势在必得地大笑了三声，他以迅雷不及掩耳之势拿起了右手边的那张牌。为了制造神秘感，他还把身子转了过去，直到偷偷看清楚了扑克牌上的数字，这才得意扬扬地抬起头，对着张笑颜道：“认输吧！”

果不其然，高乐乐抽到了数字“8”——完胜！愿赌服输，张笑颜只好穿上外套，心不甘情不愿地下楼倒垃圾了。临走前，她还不忘和高乐乐宣战道：“你等着！下一次我一定赢你！”

中午，姐弟两个又在为了午餐而发愁。

高乐乐想吃蛋炒饭，然而张笑颜懒得做，想要煮方便面敷衍了事。这个时候，高乐乐伸出一只手，出了个主意：“既然我们两个人的意见相左，那么我们就听天由命，用‘抽大小’来一决高下吧！”

“来就来！愿赌服输！”

这一次，张笑颜撸起了袖子，瞪大了眼睛，生怕一个不小心又输给高乐乐，可运气的事儿谁说得准？当张笑颜美滋滋地把印着数字“8”的扑克牌拍到高乐乐的眼前时，高乐乐竟然抽到了数字“9”，这让张笑颜大跌眼镜。

“你说的，愿赌服输。”

高乐乐哼着小曲，歪着脑袋，一脸的得意。相比之下，张笑颜黑着脸，一脸的苦瓜相，但碍于大话说在前头，尽管心中有千万个不乐意，她还是给高乐乐炒了一碗蛋炒饭。

连续两次都输了，张笑颜难以释怀。到了下午四点的时候，她对着高乐乐下达了命令：“今天晚上的牛奶，你到楼下去取。”

“为什么？”高乐乐叼着雪糕皱起眉头，等待着张笑颜的下文。

张笑颜道：“今天早上，是我冒着大雪出门倒的垃圾；中午的时候，是我给你炒的蛋炒饭；到了晚上，难道还要我下楼取牛奶吗？”

“可是，前两件事情都是‘抽大小’决定的，和我有什么关系？”高乐乐眨巴着眼睛，理直气壮地道，“如果是我输了，我肯定二话不说，接受惩罚。可是我没有输，我赢了，理应是你接受惩罚，而不是我！”他撇撇嘴又说道：“要不……我们还用‘抽大小’来决定谁去取牛奶？”

不得不说，虽然张笑颜连着输了两次，但“抽大小”的确是迄今为止两个人想出来的唯一一个公平的游戏了。见自己说不过高乐乐，张笑颜再一次答应了他的提议，只不过这一次，她留了一个心眼，她趁着高乐乐不注意，把原先随意挑出的五张扑克牌，偷偷换成了“3”“4”“5”“6”“7”这几张牌。

张笑颜将扑克牌洗匀，让高乐乐先抽。高乐乐没在意，只见他顺手抽出了一张牌，压在了手心底下。与此同时，张笑颜终于硬气了一回，只见她将抽到的数字“7”甩在高乐乐的眼前，大笑着道：“你输了！”

可是，高乐乐却不以为然，“谁说的？‘7’又不是最大的，你怎么知道我抽不到‘9’呢？”话音刚落，他亮出了自己抽到的数字‘9’，“你看，我让你不要得意得太早，我抽到的数字比你大，我又赢了！”

“不可能！”张笑颜一愣。因为她明明记得她把五张扑克牌换成了“3”“4”“5”“6”“7”，这里面最大的数字是“7”，怎么可能会出现数字“9”呢？随之，她将所有扑克牌翻了过来，只见剩下的三张扑克牌分别是“3”“5”“6”。张笑颜抽取的是数字“7”，显而易见，高乐乐抽取的应是数字“4”，然而现在他手中的扑克牌却变成了数字“9”，可想而知，这件事里藏着猫腻！

想到这儿，张笑颜一把拽住了高乐乐的胳膊。“你干什么！”高乐乐本能地后退了一步。可就在这个时候，一张扑克牌从他的衣袖里掉了出来，霎时，他停止了挣扎。

见掉落的扑克牌不是其他，正是那张数字“4”，张笑颜即刻皱起了眉头：“好啊，高乐乐！你竟然耍我！”

“你、你说什么，我听不明白。”高乐乐自知理亏，连说话的声音都小了许多。

“我说什么，你心里清楚！”张笑颜一字一顿，“你偷偷在袖子里藏着印有数字‘9’的扑克牌，在抽取了数字‘4’的扑克牌后，趁我不注意将两张扑克牌调换！你说，前两次你赢了我，是不是都用的是这个把戏？”

见事情已经败露，高乐乐低下头，唯唯诺诺地道：“我、我只是耍了点儿小聪明而已，再说了，就算是我没有这么做，你也不一定会赢……”

“没错，就算是你不要手段，我也不一定会赢，但是我和你不一样，我宁可大大方方地输，也不想偷偷摸摸地赢！”说完这句话，她把手中扑克牌啪的一声丢到了地上，“这是我最后一次和你玩游戏了，真没劲儿！”

“表姐！”高乐乐急忙承认自己的错误，“你别生气，我只是和你开个玩笑。”

“没有人喜欢这种无聊的玩笑！”说着，张笑颜犀利的眸子一眯，“要不，我把这件事情告诉给我爸妈，让他们评评理，看看这种玩笑好笑不好笑？他们愿不愿意陪你开这种玩笑？”

“别！你可千万不要把这件事情说出去！算我求你了！”高乐乐有些后怕，“姑妈和姑父要是知道了，我、我就没脸在这里待下去了……”

“所以，说到头来，你就是欺负我一个人！”张笑颜气不打一处来，还不忘翻了个大大的白眼。

“表姐，我真的知道错了！”说着，高乐乐匆匆忙忙地穿上了外套，用实际行动表达自己的悔过之心，“我现在就下楼拿牛奶，还有，以后的垃圾我来倒！中午吃什么，我也听你的。”

“真的？”张笑颜半信半疑地看着高乐乐。

“真的。”高乐乐举起三根手指头，斩钉截铁地道，“我发誓！”他急急忙忙地跑到了门口，打开了门，扭头对张笑颜说：“表姐，你等着，我去去就回。”

与此同时，站在原地的张笑颜无奈地摇了摇头，她心里想着，这个人小鬼大的高乐乐，真的是聪明反被聪明误，得不偿失啊！

退而求其次，有时也挺好

李绍晖是个运动爱好者。这不，他前不久刚向大家炫耀了他高超的自行车车技，这次又报名参加了一年一度的青少年滑雪大赛。

比赛的当天，他戴着防风镜，穿着一套白色的滑雪服，对着前来给他加油打气的张笑颜和林湘巧信誓旦旦地说：“你们瞧好吧！这一次，我一定得个第一名，拿个大奖杯给你们看！”

“可是，参加比赛的人那么多！”站在一旁的高乐乐禁不住插言道，“我劝你，还是不要轻敌的好！”

见和他说话的是比他矮一个头的小男生，李绍晖不满地皱起眉头，“你是谁？”

“我叫高乐乐，是张笑颜的表弟。”说着，高乐乐扬起头来，“我也会滑雪。”

见况，张笑颜一把把高乐乐拉到了她的身后，赔着笑道：“李绍晖，我表弟平时说话就这样，总是不经过大脑，你千万别介意。这一次听说我要观看滑雪比赛，他哭着喊着非要跟过来，我……”

殊不知张笑颜还没解释完，李绍晖就潇洒地摆摆手，冷哼一声道：“有人不相信我的实力，那我就一定要得到第一名给他看！”说完这句话，他转过身子，大步流星地走向赛场，一路都没有回头。

观众席上，张笑颜对着高乐乐道：“你刚刚说的那句话太没有礼貌了！早知道，我就不带你来了！”

“我是善意地提醒，提醒你的好朋友不要轻敌，这也有错吗？”高乐乐歪着脑袋，大为不解。

似乎是担心这姐弟俩又因此而引发矛盾，林湘巧急忙插话道：“我倒是觉得乐乐说得没错，即使有十足的把握，也千万不能轻敌，人外有人，山外有山，谁都不知道站在自己旁边的对手是谁！”她看向高乐乐，又说：“你的提醒非常及时。”

“及时？”张笑颜深叹了一口气，看向高乐乐，“我太了解我的同桌了，他这个人好胜心强，凡事都要赢。这次，他得了第一名还好，如果没有得到第一名，小心你‘祸从口出’！”

就在这时，紧张的滑雪大赛拉开了帷幕。

只见李绍晖站在三号赛道上，和他同一组的五位参赛选手，其中有两位是专业级的小运动员。只听嘭的一声响，比赛正式开始了！六位参赛选手犹如离弦的箭一般，快速地冲向赛道，他们身体微蹲，目视前方，在滑行的基础之上，推动着雪杖加快下滑的速度，互不相让。

为了实现自己的诺言，李绍晖从一开始就当仁不让，奋力地滑动着雪杖。待速度达到了最快，他便保持雪板的平行，一路领先。此情此景，让张笑颜拍手叫好，“李绍晖！加油！李绍晖！加油！”

不知是不是因为感受到了好朋友的激励，只见李绍晖的身体猛地右倾，向右滑出了一个优美的弧度，急速过弯的整套动作可以说是十分流畅，使得观众席顿时一阵沸腾。

可是，没有到达终点，任何意外都可能发生。就在李绍晖进行下一个急速过弯时，第二赛道的选手一路赶超，缩短了和李绍晖之间的距离。此时此刻，李绍晖浑然不知危机的来临，他依然沉浸在一路领先的自以为是之中，还得意地想着待会站在领奖台上的致辞呢！

随着嗖的一声，一个黑影一闪而过！直至这时，李绍晖才意识到自己已经被其他的选手超越了。为了保住第一名的头衔，他再次滑动起雪杖，可内心越是混乱，他越无法控制自己的速度和平衡。好在有惊无险，在下一个转弯后，他缩短了与第一名之间的距离，但最后，他还是以三秒之差，获得了小组赛的第二名。

技巧与技巧的较量，速度与速度的对决，就这样落下了帷幕。见李绍晖垂头丧气地托着雪板，一言不发，林湘巧急忙安慰道：“你可真厉害，没有参加过专业训练，却获得了小组赛的第二名，依我看，按照你的成绩，说不定真的能够登上颁奖台。”

“可是，我最多也只能获得第二名，我和第一名的成绩相差了三秒钟。”李绍晖低下了头，和比赛前信心十足的他判若两人。

“第二名也非常了不起了。”张笑颜道，“如果换作是我，别说是比赛了，我连在滑雪板上站起来都很难。”

“我也是，”林湘巧应和道，“为了学滑雪，我还专门请了教练，也没有学会，到现在还只能在初级滑道上玩呢！你已经很优秀了，真的。”说着，她拍了拍李绍晖的肩。

“可是我……”李绍晖用余光看向高乐乐，“我曾夸下海口，说一定会获得第一名。”

一听这话，高乐乐晃了晃头，直言快语：“我倒是觉得，做个‘天下第二’也挺好，至少会有进步的空间。而且，你刚刚说的那些话，我根本就没有放在心上。”

“我、我没有和你说话。”李绍晖面子上有点儿过不去，干脆把身子转到一边，和自己生起了闷气，“如果再给我一次机会，我一定比那个家伙快三秒！”他的话音刚落，一个不速之客来到身边。

来者不是别人，正是小组赛里获得第一名的那位选手，李绍晖即刻后退了一步，“你来做什么？”

“我来恭喜你。”男生绅士地伸出了一只手，“比赛已经全部结束了，恭喜你，获得第二名。”

“这么说的话，你就是第一名了？”李绍晖反问道。

“承让。”男生一笑，露出了八颗洁白的小牙，“我专程来找你，是想推荐你加入我所在的滑雪俱乐部。凭借你的天赋，再加上技巧性的训练，我想下一次比赛的时候，你的成绩一定比我好。”

谦逊的语言加上温和的态度，让李绍晖受宠若惊的同时，也感觉到了一丝羞愧。他的手与对方相握：“一言为定，俱乐部里不见不散。”

李绍晖没有获得唯一的一个奖杯，而是获得了一个奖牌。回去的路上，他百感交集，最后，不知道从哪儿鼓起的勇气，对着高乐乐道：“乐乐，我向你道歉，我对你说话的态度不是很好，但并不是针对你，我只是不甘心。”

“没关系，”高乐乐大度地摆摆手，“我也只是想提醒你，如果是因为我让你的比赛分心了，我也向你道歉。”

“不，和你没有关系，是我自己的问题。”李绍晖尴尬地一笑，“是我太争强好胜了，没有办法及时调整自己的心态，但是现在我想明白了，第一名虽然荣耀，当第二名也没有什么不好，只要是拼尽全力得到的结果，都应该被尊重。”

没错，人生不是彩排，每一天都是现场直播。如果在直播的过程当中，并没有获得自己想要的成绩，也不要因此而气馁，因为，你还有进步的空间，还有无数个证明自己的机会。只要拼尽全力了，所有的结果，都是最好的。

别怪世界对你不公，只怪自己的努力不够

转眼间，高乐乐已经在张笑颜的家里住了二十多天了，这二十多天的时间里，他原本顽劣的性格收敛了许多，对张笑颜也友好了不少，同时，还和邻居李可欣成为好朋友了。

这个下午，趁着张笑颜在睡午觉，高乐乐一个人跑到李可欣的家里串门，只是张口闭口，他的嘴里都是他的偶像，“可欣姐，羽侠哥哥最近在做些什么？自从上次新书发布会后，就再也没有他的消息了。”

“他去了一趟深圳，又去了一趟安徽，”李可欣想了想，“还去了一趟上海。”

“真潇洒……”高乐乐禁不住感叹道，“这么短的时间里，羽侠哥哥竟然去了那么多地方游山玩水，真是让人羡慕。”

“你误会了，”李可欣纠正道，“他是去工作，不是去玩乐的，没什么可羡慕的。”

“工作？”高乐乐一愣，“那羽侠哥哥现在在哪里？”

“昨天凌晨的飞机，刚刚回来。”李可欣道，“我猜，他应该一夜没睡，现在正坐在电脑前奋笔疾书呢！”

“难道不需要休息一下吗？”高乐乐不解地皱起眉头，“为什么你们大人都不喜欢睡觉，每天都在熬夜？”

“因为时间不等人啊！”李可欣说着，打了个哈欠，“别说他那个‘大忙人’了，我忙起来也恨不得长出三头六臂，一分一秒都不想浪费。”说到这儿，她看着高乐乐，问道：“阿姨呢？好几天都没有看到她了。”

“姑妈又出差了。”高乐乐耸耸肩，“她一个月有半个月都在出差，我都已经习惯了。”

“可是，她才刚刚做完手术，身体还没有完全康复。”李可欣不免有些担心，“她的身体吃得消吗？”

“我表姐也是这么劝姑妈的，可是姑妈不听，说这一次公司给她安排了培训的机会，机会难得，无论如何必须要去，否则名额就让给别人了。”说着，高乐乐撇撇嘴，“真是搞不懂你们这些大人，不就是一次培训的机会吗？至于你争我抢吗……”

“至于。”李可欣不假思索地道，“虽然我担心阿姨的身体，但是如果我处在她的位置上，我也会和她做出一样的选择。”

“连你也这么认为？”高乐乐半信半疑地道，“难道，全世界只有我和表姐不这么认为吗？”

“那是因为你们还没有真正地长大成人，没有感受到优胜劣汰的生存法则带给你们的压力。”说着这话，李可欣回忆起刚上大学的那段时光，“还记得我刚上大学的时候，我和你们有同样的想法，我也搞不懂为什么大人每天都是那么忙碌，直到我进入了实习阶段，我才渐渐地明白一个道理——你不努力，就会被他人超越。”

“可是，很多事情，即便是努力，也没有办法超越别人。”高乐乐发表了他的看法，“就比如我的同桌，她每次考试都是全班第一名。不但如此，她还会弹钢琴、拉小提琴，还会跳芭蕾舞和拉丁舞，所以，就算是我再努力，我也没有办法和她相提并论。”

“那你觉得，你和她为什么会有那么大的差距呢？”李可欣问道。

“不知道……”高乐乐摇摇头。

“在我看来，你和她唯一的差距，就是她比你更加勤奋，更加努力。”李可欣一字一顿，“这个世界上，没有谁生下来就是天才，所谓的天才，都是后天的勤奋和努力造就的。就拿你的同桌来说，她也并不是生下来就学习优异，多才多艺，她如今所有的成绩，都是通过一点一滴的努力换来的，不是吗？”

听李可欣这么一分析，高乐乐忽然觉得她说的话有几分道理：“仔细想一想，还真是那么回事儿！周末我们在操场上踢足球的时候，她都是在补习班里上课。这个假期也是一样，她不仅要学习钢琴和小提琴，还要学习书法和绘画，她就像一个旋转的陀螺，每天忙个不停。”

“种瓜得瓜，种豆得豆，人与人之间的差距，就是在一点一滴的累积中拉大的。”李可欣感叹道，“总是有人抱怨这个世界，面对挫折或是失败，他们不是抱怨时机不成熟，就是抱怨命运不公平。可是在我看来，他们只是在找各种各样的理由推卸责任而已。他们之所以失败，最大的原因是因为他们的努力还不够，他们从来都不懂得在自己的身上找原因……”说到这儿，她尴尬地一笑，有些抱歉地对高乐乐说：“我一时感慨，忘记了你还是一个九岁的小孩子，我说的这些，你应该还不能理解。”

“虽然不能完全理解，但是大概的意思我知道。”高乐乐嘿嘿一笑，“可欣姐姐，你是想要告诉我，不要羡慕别人比我更优秀，而是要从自己的身上找原因，很多时候，你和对方的差距，是因为你没有对方那么努力，对吗？”

高乐乐的一番话让李可欣瞬间对他刮目相看，“乐乐，你虽然年纪小，但是懂得的道理却不少。我就是这个意思，但我没有恶意，因为我相信，无论是白羽侠，还是你的同桌；无论是你，还是我，只要努力，每个人都会变得不一样。”

“所以，我要向你们学习。”说到这儿，高乐乐拍了下脑袋，“糟糕，这几天光顾着玩了，作业都忘记做了！”他冲着李可欣摆摆手说：“我要回去写作业了，可欣姐姐，我明天再来找你吧！”

第五章
学会在黑暗中寻找那束光亮

安于现状，等同于低头认输

自从和李可欣单独交流了一番后，高乐乐变得更加积极、主动了，他不但按时完成了自己的作业，还时不时地督促张笑颜：“表姐，马上就是下一个召集日了，你的作业再不写，就来不及了！”

“急什么？还有三天呢！”张笑颜懒懒散散地躺在沙发上，瓜子壳吐了一地。

“三天？除去今天，就只剩下两天了！”高乐乐说着，一把夺过了张笑颜手上的遥控器，“姑妈临走前和我交代过，不管使用什么方法，我都必须要督促你完成作业，如果你还是整天无所事事，就知道看电视，我就告诉姑妈！”

“你敢！”张笑颜眼珠子一瞪，模样像是要吃人，“高乐乐，这里是我家，不是你家，还轮不到你来威胁我！”

“我不是威胁你，而是在提醒你，小心你写不完作业，到时候吃不了兜着走！”

说完这句话，高乐乐关掉了电视机，径直走向房间。可张笑颜不是吃素的，她蹭的一声，从沙发上跳了起来，想要顺势拽住高乐乐的胳膊：“多管闲事，把遥控器还给我！”

“不给！除非你写完作业！”高乐乐一个转身，让张笑颜扑了个空，与此同时，只听嘭的一声，张笑颜一个不小心膝盖撞到了茶几，强烈的疼痛感使得她一屁股坐到了地上，痛哭出声……

“高乐乐！”张笑颜扯着嗓子大喊，“你太过分了！这一次新账旧账咱们一起算，一个都跑不掉！”

“喂！明明是你自己不小心，怎么怪到了我的头上？”高乐乐觉得委屈，嘀咕出声，“再说了，我也是好心提醒你写作业，你为什么将好心当成驴肝肺呢！”

正在气头上的张笑颜道：“既然你那么喜欢写作业，那从今往后，我的作业全都给你写！”

第二天，张笑颜找到了林湘巧，还没等对方开口说话，她的眼泪就噼里啪啦地掉了下来：“那个高乐乐也太过分了！我不计前嫌地照顾他，他不但不感激我，还对我指手画脚，我不写作业，他就用我妈来威胁我，我真想现在就把他赶走！”

“别哭啊！”林湘巧急忙递上了一张纸巾，“笑颜，我说句话你千万别不爱听，其实高乐乐这一次真的是为了你好。想想看，后天就是召集日了，可你的作业一页都还没有做，如果被老师知道了，岂不是又要被批评？”

“那是我的事，和他有什么关系！”张笑颜憋着气，气鼓鼓地道，“林湘巧，怎么连你也帮他说话？”

“我没有帮着任何人说话，我只是就事论事。”林湘巧赔着笑，拍了拍张笑颜的肩，“在我看来，这件事情你还真就冤枉高乐乐了，或许他用词不当，态度不佳，但他是一片好心，如果换作是我，我也会提醒你做作业的。”

“可是，我想不明白，如何安排我的假期是我的自由，我有自由分配时间的权利，别人凭什么干涉我的自由！”说着，她使劲儿跺了跺脚，“我想做作业就做，不想做作业就不做，谁都管不着！”

“如果你不做作业，不按时完成假期里的学习计划，你的学习成绩就会下降的。”林湘巧提醒道，“如果新学期你的学习成绩下降了，你也无所谓吗？”

“怎么可能？就算是我不学习，我的成绩照样是班级的中上游，这点儿自信我还是有的。学习好不好，和寒假作业做不做没有关系，我上课认真听讲就好了。”张笑颜不服气地说道。

“你错了，两者之间不但有关系，而且关系还很大！”说完这句话，林湘巧指了指不远处的办公楼大楼，“你知道咱们班的吴磊和王志鹏现在在哪里吗？他们都在那里补习呢！昨天我去上英语课，亲眼看到的。”

“真的假的？”张笑颜难以置信地倒吸了一口凉气，“他们两个学习成绩又不差，为什么还要补习呢？”

“就是因为学习不差，所以才要更上一层楼啊！”说着，林湘巧压低了声音，话里有话地说，“你虽然学习成绩还不错，但如果所有人都在假期里学习，只有你在假期里贪玩，那开学之后岂不是吃亏了？”

“吃、吃什么亏？”张笑颜装作不懂，别过了身子。

“学习如逆水行舟，不进则退。”林湘巧拉长了尾音，“现在的你安于现状，只想着及时享乐，那么停在原地的你，岂不是在不知不觉中被他人超越了？”她停顿了一下又补充了一句：“你那么聪明，应该不会不知道这个道理吧？”

“我……”张笑颜猛地抬起头来，但似乎意识到自己中了圈套，于是她即刻嘟起了小嘴巴，“事是那么回事，只是我还是不喜欢被人管教，尤其是被那个小屁孩管教，他还总拿我妈来威胁我，真是讨厌！”

“既然如此，那你就给自己设定一个目标，并努力地完成它，让高乐乐无从挑剔。”林湘巧微微一笑，拉住了张笑颜的手，“我相信，一旦你认真起来，就没有你搞不定的事情！到时候，高乐乐一定会对你刮目相看的！”

没错，人一旦认真起来，就没有搞不定的事情，就怕机会摆在眼前，懒得去做。要知道，所谓的安于现状，其实就是向现实低头认输。想想看，所有的人都在努力，你还有什么理由停滞不前呢？

让强劲的对手，激发你的斗志和潜能

召集日当天，连续赶了两天作业的张笑颜，一来到学校就趴在了课桌上，说什么也不肯起身了。见况，李绍晖用手指戳了戳她的胳膊，“喂！我等了你一个早上，就是想要问问你‘准备’这个单词怎么读，你为什么不肯理我呢？”

“单词表上不是有音标吗？”张笑颜头也不抬地道，“你按照音标来读，不就会了吗？”

“如果我看得懂音标，我就不用问你了。”说着，李绍晖又拍了拍张笑颜的胳膊，“拜托你了！”

无奈之下，张笑颜叹了一口气，不情愿地坐起了身，她仅仅是看了一眼单词表，就脱口而出道：“这个单词念‘preparation’。”然后，她撇撇嘴问：“你什么时候变得这么用功了？我记得以前你最讨厌英语了……”

“还不是因为王志鹏，”李绍晖喃喃道，“那个家伙也不知道搞什么鬼，非要把我当作竞争对手，还白纸黑字写了战书，说新学期的期中考试一定要超过我。我仔细想了想，除了英语，那个家伙每一科都不如我，所以我只要把英语学好，就有备无患了。”

“王志鹏？”张笑颜转过头看了看正坐在角落里奋笔疾书的王志鹏，“我听林湘巧说，他和吴磊一起参加了补习班，寒假里每天都在上课。”

“没错，所以我必须要抓紧时间把落下的英语补上，如果新学期的期中考试真的被他超越了，那岂不是让同学们看我的笑话？”说着，李绍晖又拿起了英语教科书，自顾自地背起了单词。

与此同时，欧阳灿美缓缓走了过来。“笑颜，”她莞尔一笑，银铃般的声音非常动听，“你的眼圈都黑了，昨晚没睡好吗？”

“别提了！”张笑颜打了个哈欠，“我昨天晚上写作业写到了两点，光是日记就写了六篇，最后，就连做梦都在写作业……”说着，她撇撇嘴，“不写不知道，一写吓一跳，原来自己落下了那么多的作业。”

“谁让你贪玩了？如果每天写一点儿，就不用熬夜写作业了。”欧阳灿美似乎是意识到张笑颜的脸色不对，急忙把话题转到了别处，开口道，“对了，你的竞争对手是谁？现在，班级里几乎每个人都有一个竞争对手了呢。”

“我？”张笑颜指了指自己的鼻子，“没有。”

“不会吧……”欧阳灿美眨眨眼，“我的同桌学习成绩那么差，就连他都找到竞争对手了，你怎么找不到呢？”

“不是我‘找不到’，而是我‘不想找’。”张笑颜回答道。

“为什么？”欧阳灿美向来喜欢打破砂锅问到底。

“没有为什么，”张笑颜耐着性子抿抿嘴，“太无聊，不好玩。”

“亲爱的，挑选一个适合自己的竞争对手，这不是游戏，而是激励自己的一种方式。”欧阳灿美接着说，“书上说了，竞争对手可以增强一个人的战斗力，挖掘一个人潜在的能力，在学习中，一个优秀的竞争对手会让你获得更大的进步。”

“你的意思是，每个人都必须要有一个竞争对手？”张笑颜问道。

“可以这么说，有一个竞争对手并不是什么坏事。况且，班级里每个人都有竞争对手了，只有你没有，岂不是很奇怪吗？”说着，欧阳灿美出了一个主意，“要不，我帮你找一个？”

“算了算了，还是我自己来吧。”说完这句话，张笑颜指向刚刚走进教室的肖小峰，“就他了！”

“他、他可不行……”欧阳灿美急忙摆摆手，“肖小峰每次考试都在倒数三名的名单内，你把他作为竞争对手，不但不能对自己起到激励的作用，对他来说也不公平，怎么想都不太合适。”

似乎是觉得欧阳灿美说的话有道理，只见张笑颜又朝着四周瞅了瞅：“那就副班长吧！她的学习成绩好，难度系数高！”

“副班长也不合适，她每次考试都是全班的前三名，你们两个人完全不在一个水平上，你把她当作竞争对手，岂不是压力很大？”欧阳灿美又摇摇头，“再说了，我听说她已经找到合适的竞争对手了。”

听到这儿，张笑颜摊了摊手，不耐烦地皱起眉头：“这也不行，那也不行，我干脆还是不找了！一个人自由自在挺好的。”

“别说丧气话啊！”欧阳灿美微笑着，一本正经地道，“竞争对手是一定要找的，但一定要找一个适合自己的，势均力敌的，否则起不到一点儿作用。就像我和林湘巧，我们每次考试的成绩都相差无几，所以做竞争对手非常合适。”说完这句话，她看向安静地坐在第一排的覃晓梅：“要不，你和覃晓梅做竞争对手吧？刚刚她还在为找不到合适的竞争对手而发愁呢！”

“我和她？”张笑颜犹豫了一下，“她是转学生，我和她一共才说了不到十句话，不合适吧？”

可欧阳灿美却不这么认为：“谁说竞争对手就必须要关系好，是好朋友的？说不定，你们可以通过这次机会，成为好朋友呢！而且啊，上学期的期末考试，你是十六名，她是十三名，岂不是刚好可以相互激励，相互进步？”

半推半就中，张笑颜来到了覃晓梅的书桌前。“覃晓梅，”她轻咳了一声，不知从何处说起，“那个……现在班级里都在找竞争对手，你找到合适的竞争对手了吗？”

“还没有。”覃晓梅的声音又细又小，像是蚊子在嗡嗡叫，“我是上学期期末考试之前才转来的，和同学们都不是很熟悉，没有人主动和我说话，更别提找我做竞争对手了……”说着，她歪了歪头：“你问这个做什么？”

“啊？我……”张笑颜竟有些语无伦次，“那个……”

“哎呀，别这个那个的了，”站在一边的欧阳灿美急得直跺脚，“张笑颜想要和你说，她希望在新的学期里，和你成为竞争对手，你……”

只不过欧阳灿美的话还没有说完，张笑颜就捂住了她的嘴巴，把她拉到了一边，“喂！什么情况，我只是问一下，还没有下决定呢！我也可以找别人……”

殊不知欧阳灿美的话覃晓梅听得一清二楚，似乎是怕张笑颜反悔，她急忙站起身子追了过去。“张笑颜！”她对着张笑颜的背影道，“张笑颜，我非常愿意做你的竞争对手，你该不会要反悔吧？”

“啊？没、没有。”张笑颜转过身子，看向覃晓梅脸上的那对笑窝，这可是她第一次看到覃晓梅笑。

“真是太好了！”覃晓梅嫣然一笑，“以后还请多多关照。”

就这样，张笑颜和覃晓梅都找到了适合自己的竞争对手，后来，她们彼此也成了很好的朋友。相信，在新的学期里，她们的学习生活一定会更加丰富多彩。

人生豪迈，大不了从头再来

自从李可欣交了《霉霉日常手册》的全稿之后，她每天都心神不宁，再一次陷入了焦灼的等待之中。然而世事难料，并不是每一个等待都能得到好的结果。出版方给出了最终的答复——主人公霉霉的角色刻画得不错，但故事整体过于单调，内容不够新颖，不符合出版的要求。

得知这一消息，李可欣原本澎湃的心再一次跌到了谷底，久久不能平静。

要知道，这可是李可欣至今为止唯一一次出版漫画绘本的机会，为了争取到这个宝贵的机会，实现自己的梦想，她接连几日废寝忘食，不辞劳苦，甚至置自己的健康于不顾，这才完成了《霉霉日常手册》。

可一切都像是一场虚无缥缈的梦，美梦落幕，梦醒时分，万物又回归到现实之中。她还是她，还是那个默默无闻的插画师，她的作品还是没有得到出版方的赏识，所有的努力都化为泡影……

这一日，张笑颜见李可欣闷闷不乐的，便主动与她聊起了家常，可她偏偏哪壶不开提哪壶，一张口就聊起了漫画绘本的事：“可欣姐，你交稿已经过了好长一段时间了吧？出版社还没有消息？”

“啊？”李可欣一愣，缓缓地吐出两个字，“有了。”

“有了？”张笑颜惊呼了一声，慌里慌张地放下手中的水杯，“有了好消息，你怎么不告诉我？太不够意思了，亏了我还天天为你祈祷呢！”

“不是什么好消息，所以就没有急着告诉你……”李可欣硬着头皮，尴尬地咧开嘴角。“出版方说，霉霉的角色刻画还不错，只是故事过于单调，内容不够新颖，所以就……”她顿了顿，“没过。”

“没过？”张笑颜不相信自己的耳朵，“拜托！怎么可能？”

“事实摆在眼前，真的变不了假的，假的变不了真的。不过，这个结果在我的预料之中，我早有心理准备，”李可欣故作轻松地一笑，“没关系，没过就没过，没什么大不了，就当作积累经验了。”

“真是太可惜了，那……你接下来打算怎么办？”张笑颜的语气中满是失落。

“我不想放弃，打算修改画稿，继续投稿。”李可欣想了想道，“编辑说故事的整体过于单调，那我就把故事的情节设计得更饱满、更丰富。编辑说内容不够新颖，那我就多想些有趣的点子添加进去。”见张笑颜不说话，她又加上一句：“不用替我担心，没事的。想当初，‘发明大王’爱迪生在发明灯泡时失败了一千多次，而我才失败了一次，相比之下，我的失败算得了什么呢？”

“也是，没有人能够随随便便成功，如果过于一帆风顺，稀里糊涂地就出了漫画绘本，好像也没有什么成就感，”张笑颜深叹一口气，“只是，一想到你又要为了修改画稿日日夜夜奋战个不停，我就有些心疼……”

“没关系，只要有了大体的思路，修改起来就轻松多了。”李可欣道，“只不过，我还没有想好具体的修改方向。”

提到这儿，张笑颜灵光一现，“我倒是有一个不错的点子，可欣姐，你想听听吗？”

“快说！”李可欣竖起了耳朵，等待着张笑颜的下文。

张笑颜道：“我觉得，你可以在故事里多设计几个人物，比如设计一个恼人的表弟，就像是高乐乐那样的，总是做一些无厘头的事情，还喜欢打小报告！对了，你还可以设计一个唠叨的妈妈，张口闭口都是‘你学学人家’……”说到这儿，她一把捂住嘴：“可欣姐，我是不是说得太多了？”

“哈哈哈……”李可欣捧着肚子笑出了声，“笑颜，你真的太可爱了，如果阿姨知道在你的心里，她是一个爱唠叨的妈妈，她一定会生气的。”

“别！你可千万要替我保密。”张笑颜做出了求饶的手势，“你不知道，自从高乐乐来我们家以后，她变得更唠叨了，还总是让我向那个小鬼头学习，我的耳朵都磨出茧子了。如果她知道我说她唠叨，她肯定会变本加厉，更加唠叨。”

“其实啊，阿姨是为了你好，如果是和她不相干的人，她才懒得浪费那些口舌呢。”说着，李可欣回归正题，“笑颜，你还有什么好点子，快一起说给我听听，我正愁灵感枯竭呢！”

“还有……”张笑颜想了想，“你可以设计一只古怪机灵的宠物狗，再加上霉霉捡到的那只猫咪，一猫一狗凑到一起，岂不变成了‘猫狗大战’？”说完，她噗嗤一笑：“哈哈！一想到霉霉一家因为两只宠物乱成一锅粥的样子，就觉得好笑。”

“猫狗大战？”李可欣脑中顿时有了画面。“不错，这样一来，故事情节确实丰富了很多。除此之外，还可以为霉霉刻画很多性格迥异的朋友，比如知书达理的班长、调皮捣蛋的同桌、爱照镜子的闺蜜、不喜说笑的转学生……”她看着张笑颜，有点不确定地说道，“你觉得呢？”

“知书达理的班长、调皮捣蛋的同桌、爱照镜子的闺蜜、不喜说笑的转学生……”张笑颜诧异地眨了眨眼睛，“可欣姐，难道你在暗中调查我的生活吗？为什么我朋友的性格，你都一清二楚？”

“当然没有！”李可欣尴尬地摆摆手，“我只是随口一说而已，如果你不喜欢，那我再想想其他的点子……”

“不，我很喜欢。”张笑颜猛地打断了李可欣的话，“如果需要的话，我把我朋友的故事都讲给你听，这样一来，你就有更多的题材和灵感了！”

“那……就这么决定了！”李可欣对着张笑颜笑了笑，“从明天开始，我就正式地进入修改模式！笑颜，谢谢你。”

“谢我？”张笑颜有些受宠若惊，“谢我做什么？”

“谢谢你帮助我出谋划策，还有……”李可欣吐了吐舌头，“还有，其实这几天我的心情一直不是很好，虽然我知道这种负面的情绪并不能帮助我解决问题，但是我还是没有办法很快地调整好状态。但是今天遇见了你，我忽然又拾起了勇气和信心，我想，我一定会成功的。”

“可欣姐，你千万不要小瞧自己。其实，你在我心里一直都是一个非常优秀的插画师。”张笑颜发自肺腑地道，“所以，你千万不要气馁，我相信，你的《霉霉日常手册》一定会出版，并且收获一大群‘霉粉’的！”

“对，人生豪迈，失败了没有什么了不起，大不了从头再来。”李可欣攥紧了拳头，“有了前车之鉴，这一次，我一定会好好修改，争取得到出版社的肯定。”

“加油！”张笑颜给李可欣加油鼓气，“只要努力，一定会成功的！”

被质疑？那就用行动来证明自己吧！

自从上一次在楼梯口和张硕匆匆见了一面后，张笑颜就再也没有看到他了。这一天，就在她走出李可欣家门的时候，张硕竟然出现在了她家的门口。此时此刻，他正伸出手想要敲门，但是不知道怎么了，他又缩了回去。

“张硕？”张笑颜试探性地唤了一声，见没有认错人，便开口问道，“你找我？”

张硕手攥着衣角，一如既往的拘谨，只见他先是点点头，又是摇摇头，沉默了半天，才支支吾吾了一句：“我……有事想要请教你。”

原来，这些日子之所以没有见到张硕，是因为他回了一趟老家，只不过在老家住的那几天，他遇到了一点儿不愉快——他曾经的邻居刘壮因为他忽然转学心生不满，完全把他视作了陌生人，对他不理不睬，这让张硕非常苦恼。

“他为什么要那么做？”张笑颜追问道，“你们曾经不是很好的朋友吗？”

“没错，我们曾经的确是很好的朋友，然而这一次回去，他却说我不尊重他，没有把他当作真正的朋友。”说着，张硕深叹了一口气，“我怎么会没有把他当作真正的朋友呢？在老家，他是我最好的朋友，这一次我回老家，就是为了去看他，可是……”说到这儿，他垂下了眼帘，没有了下文。

见况，张笑颜急忙安慰道：“别担心，或许你们之间有什么误会，也或许是他听到了什么流言蜚语，只要把一切都解释清楚了，你们还会是好朋友的。”

“他的确误会我了。”提起这一茬，张硕只觉得委屈，“在我还没有转学之前，他曾借给我六本漫画书，我答应寒假看完后一定会还给他。可是事情一出，我走得太匆忙，就把这件事情忘了，书也不知道被我放到哪里去了。”

“然后呢？”见张硕顿了顿，张笑颜急忙追问。

张硕喃喃道：“他不听我的解释，说我是故意的……最让我难过的是，他不知道从哪里听说了我在学校里发生的事情，对我的人品产生了怀疑，还说那六本漫画书就当作纪念品送给我了，我们两个人以后井水不犯河水，不相往来……”

“他也太过分了！”得知了事情的来龙去脉，张笑颜气不打一处来，“他怎么能不分青红皂白就冤枉你呢！”

“没办法，谁让我本来就有着‘小偷’的头衔，再加上我忽然转校，借了他的漫画书也没有还，他对我产生怀疑也情有可原，只不过，我真的很难过……”说到这儿，张硕的眼眶湿润了，只是他强忍着，没有让眼泪流下来。

事情已经成了定局，张笑颜也不知道该如何是好。“那么，我能帮助你什么呢？”她问道。

“我……我只是希望你可以帮我想想办法，虽然过去的事情已经过去了，但是我不想失去刘壮这个朋友，但我不知道如何才能重新取得他的信任。”说着，张硕抬起眼，“笑颜姐，上一次你帮了我，我对你十分感谢，所以这一次，你也一定要替我想想办法。”

“这个……”张笑颜犯了难，“误会解释清楚就好了，可是现在，他根本就不相信你说的话，这才是问题的关键。”

“他认为我在说谎，”张硕紧攥着拳头，字字清晰，“可是，我从来没有在他的面前说过谎，我发誓。”

“那么，你就证明给他看！”张笑颜灵机一动，出了一个主意，“找到那六本漫画书，再把漫画书还给他，用实际行动告诉他，你不是贪小便宜的人，你更不是‘小偷’，这样一来，他就会相信你说的话了。”

“真的可以吗？”张硕似乎有了希望，只是转念一想，他又无奈地摇了摇头，“找不到了，我把家里里里外外翻了个遍也没有找到。我想，一定是当初整理行李的时候，不小心把它们当作垃圾丢掉了……”

“这可就不好办了……”张笑颜想了想，忽然话锋一转，“你还记得那六本漫画书的封面或是内容吗？”

“内容我只看了一半，但是封面我记得。”张硕一五一十地道，“那是最近出版的漫画书，是从第一册到第六册，我记得清清楚楚。”

“既然如此，那你就买一套新的送给他吧。”张笑颜道，“毕竟，是你把对方的书弄丢了，于情于理，你都要买一套新的还给他，不是吗？”

在张笑颜的建议下，张硕当天就来到了书店，花光了全部的零用钱买了一套全新的漫画书。隔日，他坐上了去往老家的大客车。当他把那套漫画书送还到刘壮的手上时，刘壮露出了惊讶的神情，“张硕，你这是做什么！你不说漫画书丢了吗？而且，我也和你说过了，漫画书送给你了，我不要了。”

“你借给我的那六本漫画书的确是被我弄丢了，所以，我重新买了一套还给你。”说着，张硕拿出了凭证，递给了刘壮，“这是新华书店的收款证明，上面有时间和日期，如果你还不相信我说的话，那我现在就走，以后，我也不会打扰你了。”

“别！”刘壮急忙拦住了张硕的去路，“对不起，是我错怪你了，我相信你。”

“你……相信我了？”不知道怎么了，这本是一件高兴的事情，可张硕却鼻子一酸，红了眼眶，“我……我没有对你说过谎，我也没有偷过任何东西，我不能阻止别人对我的怀疑，但是，我不希望连你也怀疑我，因为……因为你是我的好朋友。”

就这样，张硕和刘壮冰释前嫌，又成了很好的朋友。看来，如果不想被怀疑，唯一有效的方法就是用实际行动证明自己，无论是做人还是做事，都是如此。

在选择面前，不要轻易说放弃

当地电视台策划了一个有关青少年才艺展示的电视节目。这一日，节目组的导演亲自来到欧阳灿美所在的舞蹈培训班，挑选合适的常驻小嘉宾。由于欧阳灿美的外形姣好，跳起舞来也有模有样，当下就得到了导演的青睐。

这本是一件千载难逢的好事，可是，欧阳灿美却因为顾虑太多迟迟没能做出决定。为了让她抓住这次机会，张笑颜和林湘巧把她约到了奶茶店，轮流为她做心理建设。张笑颜先开口道：“你考虑好了吗？什么时候参加节目的录制，我们已经等不及了。”

“还没有……”欧阳灿美摇摇头，欲言又止。

“为什么？多么难得的机会啊！”张笑颜想不明白，“我不知道，你究竟在犹豫些什么？如果换作是我，我肯定立刻就答应了。”

“我是担心自己的实力不够，会在节目上出洋相。”欧阳灿美一五一十地道，“电视机前有那么多人看着，万一表现不好，岂不是全世界都知道了吗？”

“你为什么总是胡思乱想呢？”张笑颜脱口而出，“上一次你因为失误错失了领唱的机会，已经很可惜了。这一次机会又来到了你的身边，你就应该牢牢地抓在手里。不然的话，机会又变成别人的了。”

“可是，做节目的常驻小嘉宾并不像领唱那么简单，不仅需要展示才艺，更多时候是坐在嘉宾席上，看别人表演节目，并且还要做评价和指导……”说到这儿，欧阳灿美摇了摇头，“唱歌跳舞只是我的爱好，并不是我的专业，我不行的。”

“行不行不是你一个人说了算，是大家说了算。”林湘巧接过话，“难道，你质疑导演的眼光？导演阅人无数，我相信他是绝对不会看错人的。”

“我……”欧阳灿美无力反驳，干脆跺了跺脚直言道，“总而言之，我不做没有把握的事情，这件事情我还得再考虑考虑。”

“可是机会不等人，”张笑颜提醒道，“在你犹豫不决的时候，机会就会从你的眼皮子底下悄悄溜走……”说着，她想起了自己曾经做过的一件蠢事：“你们还记得我在初一的时候去了一趟上海吗？”

“记得。”林湘巧点点头，“我记得你为了这件事情特地请了四天的假呢！”

“当时，我去上海是为了参加《青少年歌手大赛》的海选，只是当我抵达了现场，却因为一时胆怯错过了表现的机会。”每每提起这件事情，张笑颜都觉得心有不甘，“如果当时我勇敢地站上了舞台，即使被淘汰了我也心甘情愿，可事实并不是这样，是我放弃了机会……”她看向欧阳灿美继续说：“我不希望你和我一样，做出这么傻的事情，所以你一定要勇敢一点儿。”

“这、这是两回事。”欧阳灿美抿抿唇。“你参加的是海选，可是我参加的是节目录制，万一在现场出现了失误，连累的是整个节目组。”说着，她再次摇摇头，“想来想去，还是算了，多一事不如少一事，我不想冒这个风险。”

该说的也说了，该做的也做了。面对欧阳灿美的固执，张笑颜和林湘巧真不知道说些什么才好。就在她俩一筹莫展的时刻，一对母女的对话传到了她们的耳朵里……

只听年轻的妈妈对她七岁大的女儿说：“你不是一直想要学习芭蕾舞吗？还没有上课就想要放弃，那你永远都学不会芭蕾舞。”

“我怕……”小女孩瘪着嘴，大眼睛泪汪汪的，“我听同学说，芭蕾舞柔韧度拉伸训练很痛的，我怕痛。”

“因为怕痛，所以就放弃了？”年轻妈妈苦口婆心地劝道，“孩子，任何事情在没有尝试之前，都不要轻易说放弃。你要知道，很多事情并没有你想象中那么可怕，就比如说学习芭蕾舞，别人能够坚持，你为什么不能够坚持？你和别人相比，差在哪里呢？”

“我……我……”女孩喃喃着，不知如何是好。

见况，年轻妈妈接着道：“答应我，以后无论遇到任何事情，在选择面前，都不能因为胆怯而放弃，勇敢一点儿，迈出脚下的那一步。尝试不一定可以让你获得你想要的结果，但是放弃一定会让你遗憾终生。”

年轻妈妈说的话过于深奥，小女孩一时之间并未完全理解，但可以看得出来，对于学习芭蕾舞这件事情，她没有起初那么排斥了。借此时机，只听林湘巧对着若有所思的欧阳灿美道：

“你不是从小学习芭蕾舞吗？真的有小女孩说的那么痛吗？”

“还好吧。”欧阳灿美勉强一笑。“起初在训练柔韧度的时候，我的确因为腿部的韧带拉伸掉过眼泪，但是坚持下来就不会痛了，”说着，她撇撇嘴，“而且，我曾和那个小女孩一样，也有过放弃的念头。”

“可是你坚持下来了。”张笑颜提示道，“而且，你现在不但会跳芭蕾舞，还会跳民族舞，还被导演选中了呢！”

“你怎么又提到这件事情了？”欧阳灿美低下头，喃喃自语，“我不是已经说过了吗？我决定放弃。”

“就像那个小女孩一样？在没有开始之前就选择放弃，自己对自己说‘我不行’？”张笑颜脱口而出，“我相信她可以学好芭蕾舞，就像你一定可以录制好节目一样，我希望你遵从内心的选择。”

简简单单的一句话，让欧阳灿美好不容易下定的决心再次动摇，没错，坚持内心的选择。欧阳灿美虽然口口声声说要放弃，但是在她的内心里，她还是很憧憬这一次表现自己的机会的，只不过，太多的外在因素导致她胡思乱想，不敢去做。

见欧阳灿美再次陷入了沉思之中，林湘巧笑着安慰道：“好啦，无论是放弃，还是尝试，都是你自己的选择，没有任何人可以替你做出决定。但是我们希望你可以深思熟虑，三思而后行，机会只有一次，不是吗？”

没错，机会只有一次，在机会面前，千万不要随便说放弃，否则，将会后悔终生。

急功近利不可取，成功需要厚积薄发

张笑颜学会了制作蛋挞，便给自己定了一个目标——在新学期开学之前，她要让尽可能多的友邻亲朋尝到自己新学的手艺，并获得他们的“好评”，只有这样她才觉得自己真正地掌握了一门技能。不过要得到他人的好评并不容易，因为爱好甜品的人虽多，挑剔的食客也不少。

这个下午，张妈妈难得有空待在家里，就见张笑颜换上围裙，自信满满地道：“先给自己定一个小目标，今天我要拿到一百个好评！”

“一百个？”张妈妈和高乐乐面面相觑。

“没错，就是一百个！”张笑颜掰了掰手指头，“我算过了，我的同学、咱们小区的邻居、妈妈的同事……再加上他们的宣传，加起来怎么也有两三百人。得到一百个好评，太容易了！”

看着张笑颜一副势在必得的样子，张妈妈小心提醒道：“笑颜，且不说一百个好评，你知道一百个蛋挞是什么概念吗？就算是从现在开始忙个不停，到了晚上也做不出那么多的蛋挞。况且，你还要保证每个蛋挞都是好吃的……”

张妈妈是善意的提醒，可是，这话听到张笑颜的耳朵里却变了味道：“妈，您难道是怀疑我的能力吗？还是对我根本就没有信心？您说这话也太扫兴了吧！”

“我只是就事论事。”张妈妈耐着性子道，“有目标是好事，但不能好高骛远。我觉得，你今天只要能够送出去三十个蛋挞，就已经算是成功了。好评与否，还看个人口味，没法强求。”说着，她看向高乐乐问道：“你觉得呢？”

“姑妈说得对。”高乐乐应和道，“一百个好评的确是太夸张了，就算是送得出去，别人也不一定喜欢。表姐，我劝你还是切合实际点儿，重新确定一个可行的目标吧！”

听到这儿，张笑颜眉头一蹙：“你们两个人都不相信我？”见张妈妈和高乐乐对视了一眼，都没有吱声后，她冷哼了一声：“好吧！既然你们两个人都不相信我，咱们就骑驴看账本——走着瞧！”

憋着一股气，张笑颜连做蛋挞都卖力了许多，她熟练地将牛奶、白糖、蛋液和鲜奶油搅拌均匀，倒入了事前准备好的蛋挞皮中。二十分钟的等待过后，第一波蛋挞新鲜出炉，见况，张笑颜拍了拍巴掌，高呼了一声：“一次成功！”

万事俱备，只欠东风！

只是理想很丰满，现实很骨感，事态的发展并不如张笑颜期许的那般顺利。她坐在沙发上足足等待了十分钟，也没有一个人有意愿想要她制作的蛋挞。她对着张妈妈道：“妈！您到底有没有帮我发朋友圈！免费的蛋挞送上门，怎么会一点儿消息也没有？”

“你别着急，这种事情，要有耐心……”说话这工夫，只听手机嗡的一声响，接连两条短信息发了过来，随后就听张妈妈道，“来了来了，翁阿姨一家五个人，要五个，赵大哥一家三口，要三个。”

“来了！”张笑颜打个响指，即刻就把包装好的蛋挞递给了高乐乐，“喂！你答应了我做跑腿，大丈夫一言既出，驷马难追，应该不会反悔吧？”

“只要你送得出去，我保证帮你送到别人家门口。”说完这话，高乐乐麻利地穿上了外套，临走前，还不忘留下一句“祝你好运”，气得张笑颜直跳脚。

但直到此时，除了点赞，张妈妈朋友圈评论里对张笑颜的蛋挞感兴趣的并不多。似乎是意识到了等待不是解决问题的方法，张笑颜也加入到了宣传的行列中。她打开电脑，在同学群里喊话道：“你们谁想要蛋挞？新鲜出炉的蛋挞，我亲自做的蛋挞！”

“我要！我要！”李绍晖第一个跳了出来，“我要十个！”

“每人仅限一个。”张笑颜喜笑颜开，即刻打字道，“吃了记得给好评！”

“啊？这么小气？”李绍晖发送了一个“惊讶”的表情，“该不会很难吃吧？”

“拜托，请尊重我的劳动成果！”张笑颜气鼓鼓地关掉了对话框，还不忘朝着张妈妈抱怨道：“那个李绍晖太过分了！免费吃我做的蛋挞，还怀疑蛋挞难吃！我今天可是有目标的。”

“别急。”张妈妈边说，边把张笑颜调制好的蛋液放入了冰箱，“想让人肯定你的成果，可没有你想象得那么容易。”

张妈妈的话音刚落，高乐乐呼着热气进了门。“怎么样，送出多少了？”他哪壶不开提哪壶，“快，给我地址。”

“别急，想让人肯定你的成果没有你想象的那么容易，”张笑颜现学现卖，硬着头皮道，“耐心一点儿，等一会儿有你忙的。”

“你的意思是说，从我出门到现在，你一个蛋挞都没有送出去？”高乐乐似乎听到了一个大笑话，“不至于吧……”

“就你话多！”张笑颜边说，边狠狠地瞪了他一眼，示意他不要乱说话。

可是，高乐乐并不是吃素的主儿，看到张笑颜气鼓鼓的模样，他反而有点儿幸灾乐祸：“现在已经三点半了，你才送出去了八个，距离你的目标还有九十二个。难道，你真的要送出去一百个蛋挞才罢休吗？”

“我、我只是出师不利，时间还早着呢！”说着，张笑颜一把拿过了张妈妈的手机，“妈，你要多发几条朋友圈，我能不能拿到一百个好评，全靠你了……”她自作主张地又发送了三条朋友圈。

就在这时，嘭嘭嘭的敲门声打破了些许烦闷的气氛。见来者不是别人，正是李可欣时，张笑颜的脸上又挂上了笑容，“可欣姐，我亲手做的蛋挞，要不要尝一尝？”

“正有此意。”李可欣开门见山，“我在阿姨的朋友圈上看到了信息，这才急急忙忙地赶了过来，生怕送完了呢！”

“送完？怎么可能……”高乐乐看热闹不嫌事大地道，“可欣姐，你不知道，我表姐说她今天要送出去一百个蛋挞，好评还一个都不能少，如果没有一百个好评，她就不睡觉！我也不能睡觉，你快劝劝她吧！”

“一、一百个？”李可欣一愣，“那你现在送出去多少个了？”

“呃……”张笑颜尴尬地吐了吐舌头，“加上你的份，总共送出去了九个……”

“那距离一百个还差九十一个呢……”李可欣算了算，对着张笑颜道，“笑颜，很多事情不能急于求成，要结合实际情况制定目标。就比如我，就算是我不吃不喝，我一天内想要画出一百张画稿也很困难。”

“可是，除了完成作业，我假期里就只学会了做蛋挞，除了让更多的人肯定我的手艺，我想不出别的方法证明我的能力。”张笑颜说出了自己的顾虑。

“罗马并非一天建成的。”说着，李可欣出了一个主意，“你可以把大目标拆分成小目标，把一天一百个好评，拆分成一天十个好评，分十天来完成，这样一来，目标就很容易实现了。”

“即便如此，我今天也才送出去九个……”张笑颜撇撇嘴，“而且邻居们还没给我反馈呢！”

李可欣笑了笑，“你用心做的，肯定好吃，张阿姨不也觉得好吃才发朋友圈的吗？”

“是啊！”张妈妈赞同道，“我和乐乐都给好评。”

“谢谢你，可欣姐姐。谢谢妈妈。还有你，高乐乐。”张笑颜发自肺腑地道，“我会为了明天的好评继续努力的！”

没错，就是要做一个乐观的少年

张妈妈从公司里要来了两张《黑胡子海盗》的音乐剧门票，作为生日礼物送给了张笑颜。张笑颜高兴坏了，第一时间就联系了林湘巧，可是林湘巧却因为上课走不开。于是，她又联系了欧阳灿美，但欧阳灿美也因为参加合唱团的演出身在外地。就连李可欣也因为急着修改画稿抽不开身。无奈之下，她只好把另一张门票送给了高乐乐。

“表姐，你真的打算带我去？”这天一大早，高乐乐就围着张笑颜转个不停，“你真的不后悔？”

“别吵！”张笑颜不耐烦地皱起了眉头，“要不是林湘巧、欧阳灿美和可欣姐都没空，我才懒得带你去呢！”

“那真是天助我也！”高乐乐得意地大笑了三声，“《黑胡子海盗》是我最喜欢的童话故事了！”他看了看时间，对张笑颜说：“我们要早点儿出发。这一次，我一定要大饱眼福！”

九点整，剧场里坐了一半的观众，张笑颜和高乐乐坐在第五排正中间的位置上，静静地等待演出的开始。见高乐乐时不时地左瞅瞅、右看看，张笑颜禁不住道：“喂！待会儿演出开始的时候，你千万不要大呼小叫，搞出一些奇怪的声音，小心我翻脸不认人，把你丢下一个人走掉！”

“放心好了，”高乐乐赔着笑，“我一定会控制住自己的情绪，安静地看剧的！”

说话这时候，一个年轻的妈妈牵着她的女儿走了过来，轻轻地坐在了张笑颜的身边。那个小女孩五六岁的模样，白皙如雪的皮肤，乌黑发亮的大眼睛，长而翘的睫毛一眨一眨的，再配上一头自来卷的长发，就像一个瓷娃娃。她静静地坐在那里，任凭周围再吵再闹她也不说话，直到她的妈妈用手向她比画了几下，她才点了点头，露出了笑容。

“表姐，你身边的女孩好像听不见……”高乐乐也注意到了这一点，急忙对着张笑颜耳语道。

张笑颜急忙打断了高乐乐的话：“别胡说八道，听不见怎么能来听音乐剧呢！真没礼貌……”

殊不知他们的对话被女孩的妈妈听得一清二楚，她没有介意，反而坦然地一笑，对着张笑颜道：“你们好，我的女儿的确听不见，她是一个聋哑人。”

“聋、聋哑人？”张笑颜一惊，转过头来，“对、对不起！真的抱歉……”

“没关系，”女孩的妈妈说起话来温声细语，“她一岁的时候，就已经被确诊为先天性聋哑患者。她听不见任何声音，也不会说话，但是她很喜欢观察身边美好的事物。所以，我经常带着她看音乐剧、看电影。”

“可是……她听不见啊……”张笑颜说完这句话，即刻捂住了嘴，“对不起，我不应该这么说。”

“她虽然听不见，但是我就是她的耳朵，我可以帮助她听见。”说着，女孩的妈妈又对着女孩比画了几下手语。只见女孩微微侧过头，看向张笑颜和高乐乐，做出了一个“你好”的手势。

见况，张笑颜急忙冲着她打了声招呼：“你好！”说罢，她看向女孩的妈妈问：“她知道我在和她打招呼吗？”

“知道。”女孩的妈妈笑着道，“她会看简单的口型，比如‘你好’‘再见’‘谢谢’‘对不起’……这些短语她都看得懂。”

“真了不起！”高乐乐禁不住感叹道，“她让我想到了我在病房里遇到的那位老奶奶，虽然身体上有一些缺陷，但是却非常积极乐观地面对生活。”说到这儿，他好奇地问女孩的妈妈：“阿姨，她知道自己听不见吗？”

“当然知道了，不但知道，她还对声音非常好奇呢。”女孩的妈妈回答道，“等她再长大一点儿，我就带她去做手术，到时候，她就能真正地听到了。我想，我要把这个世界上美妙的声音，当作礼物送给她。”

演出开始了。

随着音乐的奏响，几个海盗装扮的演员从船上跳了下来，他们时而抓耳挠腮，时而像猴子一样的跳来跳去，惹得全场观众捧腹大笑。小女孩听不见，但是她看在眼里，也开心地笑个不停。

如果不是亲眼所见，张笑颜完全不敢相信，眼前笑容如此灿烂的女孩是一个先天性聋哑患者。比起《黑胡子海盗》带给她的欢乐，她更庆幸自己遇到了一个如此乐观的女孩，她也从心里希望，女孩可以早日收到世界上最美好的礼物。

回去的路上，张笑颜就像是变了一个人一样，一言不发。见况，高乐乐小心翼翼地问道：“表姐，我是不是说错话了，你生我气了？”

“没有。”张笑颜摇了摇，“我只是在感叹人与人之间的差距。”

“差距？”高乐乐歪着头，等待着张笑颜的下文。

“这个世界上有那么多的人身体上存在缺陷，但他们能够乐观积极地面对生活；反而四肢健全，身体健康的人常常抱怨命运的不公……”说到这儿，张笑颜低下了头，又说：“我也是一样，总是用挑剔的眼光看待这个世界，我在想，我是不是太幼稚了？”

张笑颜忽然的自省让高乐乐有些手足无措：“表姐，你在说什么我听不懂，但是你说的一句话我非常认同。”

“哪句话？”张笑颜问道。

“你的确有点儿挑剔……”说完这句话，高乐乐吐了吐舌头，还露出了一副傻笑。

“喂！”张笑颜一秒钟变了脸，“我再挑剔，也没有你调皮，你这个讨厌的‘双面人’！”

见张笑颜又恢复了往日的活力，高乐乐高呼了一声。“你看，连自己的情绪都控制不好，还说那么多的大道理。”说着，他跑到了她的前面，“如果你真的想要改变自己的性格，那就从‘不生气’开始吧！”

“你这个家伙！”张笑颜迈开步子，追了上去，“臭小子，你给我站住！”

这时，雪花飘了下来，一片一片地落在了大地上，风声变成了美妙的乐曲，在这个冬天里，奏响了关于青春的旋律……

第六章
请深信，你的未来会闪闪发光

养成善于思考的良好习惯

这一日，闲来无事的张笑颜把校服从衣柜里翻了出来，穿在身上在镜子面前左左右右地照个不停。高乐乐见况，禁不住好奇地问道：“表姐，这又没开学，你穿校服做什么？”

“我是在想，如何把普普通通的校服通过搭配变得更好看一点儿。”说着，她拉了拉衣袖，又扯了扯裤腿，“如果我长大以后真的成了一名服装搭配师，我一定要亲手设计一套让人眼前一亮的校服，就比如这个口袋，它……”张笑颜一愣，把口袋扯了出来：“咦？我的口袋怎么破了？”

“破了，补上就好了。”高乐乐不以为意地耸耸肩，吐出四个字，“大惊小怪。”

“就你话多！”张笑颜把校服外套一脱，一股脑儿地丢在了床上，“缝缝补补这种事情，还是等我妈回来再帮我做吧。”

“你连这种事情都要等着姑妈来做？”高乐乐眨巴着眼睛，看着张笑颜。

“我不会，”张笑颜耐着性子回答道，“太麻烦了。”

“没搞错吧？”高乐乐心直口快，拉长了尾音，“刚刚你还胸怀大志，信誓旦旦地说想要成为一名服装搭配师。可现在你连缝缝补补这点儿小事都做不了……”他转身走向客厅，边走边说：“你不会，我会，我帮你缝。”

“你会？”这下子轮到张笑颜惊诧了，“你可别把我的口袋缝坏了，我还要用它装东西呢！”

“我又不是你！”高乐乐边说，边拿来了针线盒，慢条斯理地道，“一根针，一根线，把破掉的地方缝起来，这么简单的事情，怎么可能会出错？”说完这句话，他用剪刀剪断了白色的线，再将其麻利地穿过了针眼。

可这话听到了张笑颜的耳朵里，却变了味道：“切！你瞧不起我？我只是懒得做！如果我想做，这点儿小事我还是能够搞得定的！”说罢，她一把抢过高乐乐手上的针，不管三七二十一地将针穿进了破洞边缘，笨拙地缝补起来。

张笑颜平时大大咧咧，很少做这种精细活儿。此时此刻，她皱着眉头，瞪着眼睛，握着针的手还不住地颤抖。一分钟过去了，她才缝了十几针，而且缝得歪歪扭扭，一点儿都不平整。

坐在一旁的高乐乐急得像是热锅上的蚂蚁。“拜托，你能不能动动脑子，多思考思考？缝补要顺着一个方向，而不是这边缝一下那边缝一下。”说着，他夺过了张笑颜手中的外套，“算了算了，还是我来吧，照你这缝法，估计等到天黑也完不成！”

高乐乐是个急性子。同样的一根针，同样的一根线，到了他的手里就像是上了发条一样，他三下五除二就将破洞缝补好了。而且他缝补的地方针线工整，和张笑颜之前缝补的那一块有着天壤之别。

“你还别说，真有两把刷子。”事实摆在眼前，张笑颜难得地没有吝啬她的赞美，“你这针线活的手艺，是跟谁学的？”

“没吃过猪肉，还没有见过猪跑吗？”高乐乐对答如流，“我这也是第一次。”

“第一次？”张笑颜难以置信地道，“第一次就做得这么好？我不相信……”

“那是因为，在做事之前，我有善于思考的好习惯。”高乐乐将针线盒收纳整齐，放进了抽屉里，转身走了回来，“我虽然没有做过，但是我会在实践前仔细思考应该怎么做。当思路清晰了，做法明确了，自然而然就会了。”

“我为什么就不行？”张笑颜又问。

“那是因为你没有善于思考的好习惯。”高乐乐想了想，“每次遇到事情，你下意识的反应就是‘我不会’，完全没有尝试和探索的精神。即使去做了，也是东一头西一头，想怎么做就怎么做，完全没有规矩。”他指了指门口的方向，又说：“你的运动鞋已经放在那里三天了，到现在鞋带都没有穿进去。”

“我不会。”张笑颜脱口而出，“这些平时都是我妈妈帮我做的。”

“你看，你又说‘我不会’。”高乐乐无奈地叹了一口气，“穿鞋带，就像缝补破洞一样简单，只要有规律地将鞋带穿入孔中就可以了，如果你不会，你就拆开其他鞋子的鞋带，好好研究一下。”

面对高乐乐善意的提醒，张笑颜只觉得挂不住面子。“那还用你说，我当然知道了！”说罢，她走到鞋柜前，拿起了昨天穿的那双小白鞋，只见她左看看右看看，小脑袋瓜子一转，就明白了一二。紧接着，她拿起鞋带，在洗干净的鞋子上比画了几下，不大一会儿的工夫，鞋带穿好了。

“我就说，你不是不会，而是懒得思考。”高乐乐道，“无论是缝补破洞，还是穿鞋带，只要稍微动动脑子，‘不会’不就变成‘会’了吗？”说着，他打了个哈欠：“我要去休息了，明天早上还要早起下楼扫雪呢！”

“又要扫雪？”张笑颜禁不住哀号了一声，“我最讨厌扫雪了……”

“可是你喜欢下雪啊！”高乐乐道，“表姐，我劝你还是好好地想一想，如何扫雪才最省力吧！”

改变能改变的，接受不能改变的

张笑颜是个美人胚子，这全都归功于张妈妈的优良基因，只是眼瞅着就要“奔四”的张妈妈也有她的烦恼。自从她的眼角长出鱼尾纹，脸上多了几枚晒斑之后，她每天都要照十几次镜子，这一天，她竟然在头顶上发现了一根白头发！

“笑颜！”这天一大早，张妈妈就火急火燎地敲开了张笑颜的房门，慌慌张张地把还在被窝里做美梦的张笑颜拉了起来。

“妈！现在才六点！”张笑颜抢过被子，翻了个身，死活不肯睁开眼睛。

张妈妈拽了拽张笑颜的被子，加重了语气：“大事不好了！你快起来！”

“怎么了？”似乎意识到情况不妙，张笑颜挣扎起身，跟着她来到了客厅，“谁出事了？高乐乐又闯祸了？”

“是我！”张妈妈指了指自己的头顶，“你看，我长白头发了！”

“哈？”张笑颜还以为自己出现了幻听，“妈，您没开玩笑吧？”

“真的！”张妈妈边说边背对着张笑颜坐到了沙发上，“你看这里！”果不其然，就在张妈妈手指的地方，的确有一根白头发，不但如此，仔细往她的后脑勺一看，还有三四根褪色了一半的白头发。

“天啊……”张笑颜用手捂住嘴巴，“妈，您老了，有白头发了。”

殊不知一听这话，张妈妈的眼泪在眼眶里打起了转：“不行，我今天就要去美容院，不管使用什么方法，都要让自己看起来年轻十岁！”

“不管使用什么方法？”张笑颜打了一个寒战，“不行！我前几天看新闻说，有一个爱美的女孩为了让自己青春永驻，道听途说，使用了一种‘僵尸美容法’。为了做这个美容项目，她又是借钱又是贷款，搞得负债累累不说，还落下了一身病！”

“美容怎么还生病了呢？”张妈妈半信半疑，“你该不会是在骗我吧！”

“您有所不知，所谓的‘僵尸美容法’就是将自己的血液抽取分解之后，注射到脸部的皮肤里，据说这样做可以让皮肤看起来更加白皙红润。可是因为美容院不正规，卫生条件不合格，血液在分解时受到了污染，在她体内发生了排异反应，导致了她肾功能衰竭。”张笑颜对着张妈妈一本正经地道，“妈！您可不能为了美不择手段，您的身体才刚刚恢复，小心又生病了。”

“可是，我都已经有白头发了。”张妈妈一脸担忧，“我脸上的皱纹也多了好几道，我都不敢笑了。”

“哎哟，想笑您就笑，难不成为了少几道皱纹，以后都不笑了吗？”张笑颜打了个哈欠，“妈，没有人能够抵挡岁月留下的痕迹。别说是您了，连我的脸上都长雀斑了，我才十四岁呢！我都不着急……”

“咱俩的情况不一样，”张妈妈呢喃道，“连你爸都说我老了……”

见况，张笑颜话锋一转：“您知道美国著名的时尚博主琳达·罗丁吗？她六十多岁才创办了时尚品牌，年近七十岁依然引领时尚。她一头银发，满脸皱纹，但是和年轻貌美的模特们站在一起丝毫不逊色，她也从来不会通过美容手段让自己看起来更加年轻。”说到这儿，她卖了个关子：“您知道她在采访中说了什么吗？”

“说了什么？”张妈妈急忙追问。

“她说，既然岁月无法逆转，那就好好享受岁月的馈赠！”说罢，张笑颜总结道，“我觉得，即使脸上出现了皱纹，头上出现了白头发也不必太过于惊慌，时间不能倒流，人要学会接受自己的改变，接受客观的事实。”

张笑颜像个小大人，说得句句在理，让原本心慌意乱的张妈妈渐渐冷静了下来。“我老了，你却长大了，”她欣慰地一笑，“这或许也是时光馈赠的礼物。”

“妈，和以前比您老了，但是和未来比，您还年轻得很呢！”张笑颜道，“既然现实无法改变，那就活在当下，改变能够改变的一切。从今天开始，多运动，多吃蔬菜和水果，少熬夜，少生气，我想，即使不美容，您也会越来越年轻的！”

没错，有句话说得好：“没有皱纹的祖母最可怕，没有遗憾的过去无法继续连接人生。”做人就是要有敢于面对现实的勇气，对于无法改变的客观事实，坦然接受是对自己最有利的做法。接受不能改变的，改变能改变的，也是通向未来的捷径之一。

对此，李可欣也做出了很好的诠释。

虽心有不甘，但李可欣坦然接受了稿件被退回的现实，重新投入到了修改和创作中。经过了几日的奋战，修改后的稿件略见雏形。这一日，她再次鼓起勇气将修改后的部分稿件发送给了之前的编辑，并附上了一句话：“我接受所有的建议和意见，并配合修改，希望再给我一次出版的机会。”很快，李可欣收到了编辑的回复，对方说：“稿件已经收到，请尽快提交全稿，我们会着重考虑，祝你好运。”

谁都不知道通往未来的路会经历多少坎坷，但唯有一点可以确定——已经发生的无法改变，与其花费时间和精力去改变不能改变的事实，不如走出误区，从头来过，或好或坏，都是后话了……

无论何时何地，做自己最忠实的粉丝

当真是家家有本难念的经，就在张妈妈为了几根白头发而发愁的时候，欧阳灿美也因为节目录制需要表演才艺而伤起了脑筋。当天下午，她冒着大雪来到了张笑颜的家，刚一进门就给她表演了一段并不熟练的街舞。

她低着头，双手交叉盘在胸前，两只脚随着音乐的节奏随意地踩踏着，见况，张笑颜禁不住问道：“灿美，你跳的是街舞，还是踢踏舞？”

“街舞啊！”欧阳灿美气喘吁吁地接过话，“我跟视频上学的，他们都这么跳。”说着，她又来了一个华丽的转身，只是步伐不稳，使得她一个踉跄，差点儿摔了一跤，好在张笑颜及时出手，她才没有受伤。

见况，张笑颜犹豫着说出口：“你就打算在节目上跳这个？”

“这个是最简单的了，我只学了一天就学会了，”欧阳灿美擦了擦额头上的汗，咕咚咕咚喝下了半杯凉白开，这才呼出一口气，“距离节目的录制还有三天，我应该可以在三天的时间内把这支舞跳好。”

“我相信你的能力，只不过……”张笑颜看向坐在一旁不吱声的高乐乐问道，“你觉得这支舞好看吗？”

“我不懂街舞，”高乐乐实话实说，“但总的来说，连贯性差，动作死板，而且力度也不够，看起来非常奇怪。”

高乐乐的评价虽然有些不中听，但不得不说群众的眼睛是雪亮的，他虽然没有学会街舞，也不懂街舞，但他说的意见很中肯。欧阳灿美跳的那一支街舞的确有点儿奇怪，动作不熟练也就算了，在舞蹈的编排上也不尽如人意。最重要的是，欧阳灿美的动作轻柔，不够洒脱，看来拖泥带水，十分不协调。

于此，张笑颜也有同样的看法：“灿美，我也觉得比起跳街舞，你更适合跳芭蕾和民族舞。而且，芭蕾舞和民族舞不是你的专长吗？你为什么不跳自己擅长的舞蹈，反而临时学起了街舞呢？”

“我这可不是临时起意，而是深思熟虑后的结果。”欧阳灿美一本正经的样子不像是在胡说八道，“我既然下定了决心参加节目的录制，我就要让大家眼前一亮，给大家留下一个好的印象！可当下芭蕾舞和民族舞并没有街舞受欢迎，如果我跳芭蕾舞或是民族舞，岂不是输在了起跑线上？”

“可是街舞并不是你擅长的舞种，并且也不适合你。”张笑颜软话说尽了，干脆说起了硬话，“再说了，临时抱佛脚根本起不到任何作用，就算是你学会了这一支街舞，那么下一次的表演呢？下下次的表演呢？你拿什么应对？”

“如果可以的话，我要多学几支街舞。”欧阳灿美固执己见，“大不了，我再报一个街舞班，从零开始学习街舞，这样的话，就不怕以后的才艺展示了。”

听到这儿，高乐乐忽然冒出了一句：“请问……你真的喜欢跳街舞吗？”

“不喜欢。”欧阳灿美不假思索地道，“我本人还是更喜欢柔和优雅一点儿的舞蹈。如果不是为了录制节目，我是不会学习街舞的。”

“既然如此，还是做你自己吧！”张笑颜接过话，“依我看，你不必为了上节目而改变自己的喜好。想当初导演面试的时候，你不是跳了一支芭蕾舞吗？而且，你有没有想过一个问题，如果在节目中做你不喜欢的事情，你会开心吗？”

“我……”欧阳灿美顿了顿，“我没有想过这个问题。”

“但这是一个现实的问题，”张笑颜继续道，“还有两天就是录制日了，你是想在节目中做真实的自己呢，还是想要为了博眼球伪装自己呢？况且在我的眼里，芭蕾舞和民族舞也没有不受欢迎，只要你跳得好，一样可以收获大批的粉丝。”

“是这样吗？”欧阳灿美边喃喃，边起身立起脚尖做了一个芭蕾舞的姿势，“其实，我原本准备了一支芭蕾舞，但是担心很多人没有办法接受芭蕾舞，所以才临时改成了街舞……”

“你也太没有自信了。”张笑颜无奈地笑了笑，“你要向我学习，自信一点儿，哪怕没有人喜欢你，也要做自己最忠实的粉丝，更何况你那么优秀，能歌善舞，怎么会没有人喜欢你呢？”

“就是！就是！”高乐乐急忙应和道，“虽然我没有看你跳过芭蕾舞，但是我觉得你的气质更适合跳芭蕾舞，你放心，你绝对会收获很多粉丝的。”

没错，唯有做最真实的自己，才会更讨人欢心。

好在欧阳灿美并不是一个执迷不悟的人，在张笑颜和高乐乐的建议下，她换上了洁白无瑕的芭蕾舞裙，在镜子面前随着芭蕾舞曲《睡美人》的音乐翩翩起舞。她时而立起脚尖，时而旋转跳跃，她的一颦一笑，就像白天鹅一样优雅、迷人。

一个人的房间，没有观众，也没有掌声，但是，大汗淋漓的她却露出了最真挚的笑容。音乐停止的那一刻，她的心灵得到了极大的满足，同时，她也终于明白了一个道理——做自己，真好！

在独处时，用喜欢的事情充实自己

还有一周就要开学了，这天一大早，就见高乐乐收拾好了自己的行李箱，还把床铺叠得整整齐齐，房间也收拾得干干净净。不知道为什么，看到这一幕的张笑颜忽然之间心头闪过了一丝不舍。

猛地，张笑颜甩了甩头，嘀咕一句：“我怎么会舍不得他呢！”然后，她冲着高乐乐大喊一声：“喂！吃饭了！”

“来了！”高乐乐从浴室里冲了出来，他的脸上还有水渍，嘴角的泡沫还没有冲洗干净，显得有些滑稽，但是他似乎不在意自己邋里邋遢的样子，径自坐上了餐桌，哇了一声，“有我最喜欢吃的炒鸡蛋，谢谢表姐！”

“是你姑妈做的。”张笑颜边说边把热好的牛奶嘭的一声放在了高乐乐的面前，“她还说了，让你临走前再检查一遍自己的东西，回家之后，记得给家人带好。”

殊不知一听到“走”这个字，高乐乐脸上的笑容一下子僵住了。“表姐……”他喃喃道，“虽然你总是骂我，欺负我，但是现在我要回家了，还真有点儿舍不得……”

“拜托，我什么时候欺负过你？真是恶人先告状。”张笑颜撇撇嘴，把头扭到了一边。

“还有，我走了以后，你一定要照顾好自己。”

“放心，我一定会照顾好自己的。”张笑颜撇撇嘴，“用不着你来说。”

高乐乐微微一笑：“你啊，总是刀子嘴豆腐心，做事粗心大意，爱哭鼻子，虽然自立了很多，但还是爱乱发脾气。还有，我不在的日子里，没有人督促你写作业了，你千万不要整天无所事事，一定要自律哦！”

面对人小鬼大的高乐乐，张笑颜觉得可气又可笑：“拜托，什么时候轮得到你来教育我？是我教育你才对！再说了，我的作业早就做好了，根本用不着别人督促，我每天都很忙，根本就没有无所事事。”

“忙着看电视、玩游戏？”高乐乐哪壶不开提哪壶，“还是忙着睡大觉？”

“你！”张笑颜只觉得高乐乐在刻意和她作对，但是一想到他今天下午就走了，便硬生生地把火憋到了肚子里，“今天你走了，我高兴，我不和你一般见识！”说着，她自顾自地咬了一口吐司，直呼了一句：“真香！”

可是高乐乐走了，张笑颜真的那么高兴吗？

未必！

下午三点钟，望着高乐乐渐行渐远的背影，张笑颜的心里怎么也不是个滋味。往常这个时候，只要她觉得无聊，她准保会和高乐乐来一场“口水仗”，可是现在，家里就剩她孤零零的一个人了，竟然连看电视她都觉得无趣了。

“真的太无聊了！”张笑颜打开电脑对着小雨滴抱怨道，“我的表弟一走，我都不知道做点儿什么好了，我恨不得明天就去学校上学。”

“你真奇怪，哪有人不喜欢放假，喜欢上学的啊！”小雨滴发送了一个“诧异”的表情，“你不知道，我每天待在家里有多开心，阅读、学习、追剧、散步、练书法，睡觉前我还跟着我妈妈一起练瑜伽呢！”

“天啊，你的生活也太充实了……”张笑颜禁不住道，“不像我，每天都闲得发慌，不知道该做些什么。”

“如果你想，你也可以把生活安排得像我一样的充实。”小雨滴道。

“我？算了吧，我既不喜欢学习，也不喜欢练书法，更不喜欢练瑜伽。”说着，张笑颜叹了口气，“我还是老老实实地睡大觉吧！”

“别啊！睡觉多无聊！”小雨滴发来了一段文字，“每个人的喜好不一样，我有我的计划，你可以制订你的计划，只要把时间有效地利用起来，无论你做什么事情，都好过无所事事地睡大觉。”

似乎意识到小雨滴的话有几分道理，张笑颜道：“那你帮我制订一个计划表，我一定照着做。”

“亲爱的，我又不是你，我怎么知道你喜欢做什么，不喜欢做什么？”小雨滴发送了一个“微笑”的表情，“但我可以给你有效的建议！你可以把一天的时间分成几部分，再把每一部分的时间连起来，除去看书和学习的时间，还可以给自己设定娱乐和培养兴趣爱好的时间。”

“比如呢？”张笑颜又问。

“比如看看新闻，画一幅画，听听音乐，和家人下下象棋……”小雨滴举例道，“只要是你感兴趣的事情，想做的事情，都可以安排在一天的计划内。这样一来，你既不会感觉无聊，时间也会富有意义，两全其美！”

没错，在独处的时候，把时间有效地利用起来，时间才不会白白浪费，生活也会因此而充实起来。

听从了小雨滴的建议，张笑颜即刻就为自己绘制了一个明日计划表，在短短一天的时间里，她给自己安排了七项任务——写读书笔记、看一集电视剧、制作三十个蛋挞、到商场购买文具、完成拼图游戏、和妈妈一起做晚餐、睡前听一听音乐。这样下来，整整一天的时间被安排得满满当当，一点儿都不浪费了。

对每一件小事负责，成功便随之而来

自从高乐乐走了以后，倒垃圾、取牛奶的活全部落在了张笑颜的身上，这些虽然都是简单的小事，但是对于向来三分钟热度的她来说，能够坚持做下去也是一个不小的挑战。然而，就在这天傍晚，她在取牛奶的途中遇到了一件怪异的事情……

傍晚五点，张笑颜像往常一样到一楼的牛奶箱中取牛奶。可是不知道为什么，今日的牛奶箱空空如也，与此同时，一个鬼鬼祟祟的男生蹭的一下从楼洞里蹿了出去。张笑颜没有看清楚他的脸，但是她清清楚楚地看到，他的手里拿着一瓶牛奶。

“小偷！”

张笑颜倒吸了一口凉气，不管三七二十一地追了出去，可是她脚上穿的是拖鞋，再加上地上到处都是积雪融化后冻成的冰，没跑几步她的脚就直打滑。只听嘭的一声，她重重地摔在了地上，手里的钥匙也“飞”出去了老远。

听到了异响，逃跑的男生霎时停住了脚步，回过了头。见张笑颜趴在地上直嚷嚷着“疼”，他犹豫再三还是伸出了援助之手。他将拾到的钥匙递给了张笑颜，搀扶着她起身，轻言了一句：“你没事吧？”

“没事……”张笑颜拍了拍膝盖上的积雪，抬起头来，当她发现眼前的人就是刚刚落荒而逃的男生时，她猛地抓住了他的胳膊，疾言厉色地道，“踏破铁鞋无觅处，得来全不费工夫！可恶的小偷，这下子你跑不了了！”

见张笑颜是真误会了，男生尴尬地一笑，解释道：“我不是小偷，我没有偷东西。”

“你不是小偷？”张笑颜眯起眼睛，一脸的怀疑。“你不是小偷，那我刚刚喊‘小偷’的时候你跑什么？而且……”她看了看他怀里揣着的几瓶牛奶，冷哼了一声，“我家的牛奶为什么在你的手里！”

“这是你家的牛奶？”男生后知后觉，急忙把其中一瓶牛奶递给了张笑颜，“我、我是送牛奶的。”

“你？送牛奶？”张笑颜好像是听到了一句玩笑话，“拜托，你和我一样也只是个初中生吧？再说了，送牛奶为什么要鬼鬼祟祟地躲在楼洞里，而且见人就跑？我猜，你是做了亏心事，现在拿出牛奶想要蒙混过关！”

“我……我真的是送牛奶的……”男生喃喃道，“我妈妈生病了，我代替她送牛奶，可是我从来没有送过牛奶，我根本就不知道从哪里开始送起……”说着，他指了指不远处的三轮车，“你看，那里还有几十瓶牛奶，如果我是小偷，我怎么可能偷那么多牛奶呢？”

也是，如果这个男生真的是小偷，他早就溜之大吉了，怎么可能在张笑颜摔倒的时候伸出援助之手呢？

想到这儿，意识到自己错怪了对方的张笑颜难为情地吐了吐舌头。“对不起啊，是我错怪你了。只不过……”她顿了顿，

“现在已经五点钟了，我想一定有很多人像我一样出门取牛奶了，如果你再不抓紧时间，恐怕会遭到投诉的。”

“我知道，我也很着急，可是地址那么多，我毫无头绪……”男生边说，边从口袋拿出了一个记事簿，只见上面密密麻麻的都是送牛奶的地址，“你看，几百个地址，我怎么可能送得完？”

“那平时，你妈妈怎么是送的呢？”张笑颜歪着头问道，“我们家每天都是这个时候取牛奶，你的妈妈可从来都没有出过差错。”

“我……我没有经验，性子又太急……”男孩挠了挠头，看起来非常焦虑，“不瞒你说，我快要崩溃了……”

“着急能够解决问题吗？”张笑颜好言相劝，“其实，送牛奶是一件很简单的事情，只要找到正确的地址，再把牛奶放入牛奶箱里就可以了。”说着，她用手指了指记事簿上的地址让男孩看：“你看，这些地址都是相邻的，你完全可以按照楼的编号送牛奶，这样不但不会混乱，而且能避免路线的重复，节省体力和时间。”

张笑颜的一句话可以说是一语惊醒梦中人，男生猛地一拍脑袋。“对啊！我怎么没有想到？我都是走到哪儿送到哪儿，不是落下了那一家，就是重复走了这一家。”说到这儿，他看向张笑颜，“太谢谢你了，这样一来，我很快就可以把剩下的牛奶送完的！”

“不用谢，我只是随便说说而已。”张笑颜难得谦逊了一回，“我的妈妈和我说过，只要你对每件小事负责，成功就会随之而来。同样的道理，只要你用心送好每一瓶牛奶，任务就一定可以顺利完成。所以，你一定要有点儿耐心哦！”

“只要用心送好每一瓶牛奶，任务就一定可以顺利完成……”男生重复着这句话，点了点头。“我知道了，我要赶快送牛奶了，谢谢你的提醒。”他刚刚转过身子，又回过了头，“对了，今天的事情千万不要告诉任何人，如果一传十十传百，被老板知道我妈妈在家里休息耽误了工作，她一定会挨批评的。”

“放心，我一定替你保守这个秘密。”说罢，张笑颜冲着男生招了招手，“希望明天这个时候，牛奶都已经被放到了牛奶箱里。”

“我会努力的。”男生笑了笑，“我会用心送好每一瓶牛奶的。”

命运馈赠的礼物，在无形中都标好了价格

“她那时还太年轻，不知道命运所赠送的礼物，早已在暗中标好了价格。”这句话出自作家茨威格的传记作品《断头王后》。如今，这句话被很多人拿来引用，同时，这句话也很好地体现在了李可欣的身上。

还记得李可欣为了绘制《霉霉日常手册》呕心沥血的那些个日日夜夜吗？毫不夸张，当她把修改后的全稿再一次交到编辑的手上时，她整个人都瘦了一圈，她的眼中布满了红血丝，黑眼圈透露出她的疲惫感，但是她却像是打了一场胜仗一样，笑容依旧亮眼。

果然，功夫不负有心人，她成功了！

在开学前夕，李可欣收到了出版方的邮件——恭喜你，你的《霉霉日常手册》已经通过了复审，现在已经进入最后的终审阶段。与此同时，责任编辑给李可欣发来了一条信息，声称总编表示终审没有什么太大问题，下周就可以敲定出版协议。

得知这一消息，李可欣第一时间就把张笑颜约在了比萨店

里。张笑颜看着服务生端上来的田园比萨，下意识地吸了吸口水：“可欣姐，你真是太好了！自从高乐乐那个家伙走了以后，我每天中午都在家里吃泡面！”

“所以，我特地带你改善一下伙食，顺便告诉你一个好消息。”说着，李可欣抿嘴一笑，“我的《霉霉日常手册》通过了复审，总编说终审应该没有太大问题，下周会敲定出版协议。”然后，她补充了一句：“虽然不是板上钉钉，但对我来说这也是一件喜事了。”

“恭喜恭喜！”张笑颜双手作揖，模样很是滑稽，“我就知道你一定会成功的！”

“为、为什么？”李可欣一愣，“连我自己都没有把握……”

“因为命运馈赠的礼物，早已经在暗中标好了价格啊！”张笑颜嘿嘿一笑，“况且，你这么努力，成功对你来说只是早一点儿或晚一点儿的事，说句实话，听到了这个消息，我一点儿都不觉得惊奇。”

“命运馈赠的礼物，早已经在暗中标好了价格……”李可欣喃喃着，“这句话我好像在哪里读过……”

“是茨威格的传记作品《断头王后》中的一句话，我去年看过这本书。”张笑颜脱口而出，“当时，是林湘巧推荐我读这本书的，我也是被这句话吸引，才硬着头皮读下去的。没想到，这虽然是一本传记，却是一本很深奥的作品。我看了两遍才弄明白作者想要表达的是什么。”

“我想起来了。”李可欣伸出了一根手指，“这句话是茨威格在传记中用于评论玛丽·安托瓦内特的。玛丽·安托瓦内特是奥地利的公主，在她十四岁那年，她成了法国的太子妃，到了十八岁那年，她成了法国的王后。对吗？”

“没错，”张笑颜接过话，“她的丈夫对她非常好，事事都顺着她，为她建宫殿、办宴会，对她非常宠爱。玛丽每天都过着奢靡的生活，连国库的钱都不够她花，完全没有一点儿王后的样子。后来，她的亲哥哥专程到法国劝她，希望她可以多做些实事，多读些好书，端庄大气、知书达理一点儿，做一个王后该做的事。可是玛丽却对她的亲哥哥说，她不喜欢看书，她就喜欢玩乐，喜欢享受生活。”

“真是悲哀！玛丽固执己见，不听亲哥哥的劝，最后玩火自焚，乐极生悲，上了断头台，结束了自己的生命……”说到这儿，李可欣叹了一口气，“她天生丽质，那么年轻就享受了荣华富贵，过着众人羡慕的奢侈生活，可惜她那个时候太年轻，还不懂得任何事情都是要付出努力和代价的。如果她早点儿明白这个道理，不那么自我，不那么贪婪，而是踏踏实实地生活，结果就会不一样。”

“就是，天上不会掉馅饼，哪有不劳而获的道理？”张笑颜看着李可欣说，“所以，你的成功是必然的，因为你懂得努力和付出，懂得脚踏实地地追求自己的梦想。所以，你成功了，我虽然高兴，但是一点儿都不觉得稀奇，完完全全是意料之中的事。”

听到这儿，李可欣的脸一红：“笑颜，你对我的评价太高了，我可没有你说的那么优秀，我也是全靠运气罢了。”

“越努力的人才越幸运，可欣姐，谦虚过了头也不是一件好事哦！”说着，张笑颜将比萨拿在手中吹了吹，“你啊，还是大大方方地享受你的成功吧！这是你亲手种下的果实，应该高高兴兴地采摘着吃。”

没错，昨日所做的，是你今日所得的；今日所做的，是你明日所得的。无论是酸是甜，都是自己亲手酿的果实，生活无论是喜是悲，都要自己去承受，因为命运馈赠的礼物，早已经在暗中标好了价格，是你的，你终会得到，不是你的，迟早会失去。

明白了这个道理，李可欣嫣然一笑，对着张笑颜道：“笑颜，自从乐乐来了以后，你整个人都变了不少，成熟了，独立了，愿意耐心地听人说话，并且懂得以理服人了。”

“难道我以前不是这个样子吗？”张笑颜歪着头问。

“不是。”李可欣实话实说，“以前的你喜欢意气用事，做事情也总是不经过头脑，说话也比较蛮横。”似乎是意识到自己说得太直接，她尴尬地笑出了声：“但都是过去的事情了，现在的你真的是一个很好的女孩。”

“或许吧。”这一次，张笑颜坦然地接受了批评，“起初我虽然很排斥乐乐到我们家里暂住，但是相处了一段时间，我发现他也成长了不少，没有小时候那么顽皮了，而且和他在一起，我会不自觉地成为一个有担当的大姐姐。”说到这儿，她感叹道：“人生，就是不断成长的过程。我现在终于体会到这句话的真实含义了……”

“没错，人生就是一个不断成长的过程，”李可欣赞许地道，“所以无论现在还是以后，我们都要加油啊！”

“加油！”

水杯与水杯相撞，砰的一声，动听而又干脆。于是这个冬天，张笑颜不但见证了李可欣的成功，也见证了自己的成长。